[福建历代高僧评传]

丛书主编：释本性

罗汉桂琛禅师

◎ 蒋家华 著

厦门大学出版社

图书在版编目(CIP)数据

罗汉桂琛禅师/蒋家华著.—厦门:厦门大学出版社,2017.8
(福建历代高僧评传)
ISBN 978-7-5615-6650-3

Ⅰ.①罗… Ⅱ.①蒋… Ⅲ.①桂琛禅师(867—928)-评传 Ⅳ.①B949.92

中国版本图书馆 CIP 数据核字(2017)第 212663 号

出 版 人	蒋东明
责任编辑	薛鹏志
装帧设计	季凯闻
技术编辑	朱 楷
出版发行	厦门大学出版社
社 址	厦门市软件园二期望海路 39 号
邮政编码	361008
总 编 办	0592-2182177 0592-2181406(传真)
营销中心	0592-2184458 0592-2181365
网 址	http://www.xmupress.com
邮 箱	xmup@xmupress.com
印 刷	厦门市万美兴印刷设计有限公司

开本	787mm×1092mm 1/16
印张	15
插页	2
字数	170 千字
印数	1～1 700 册
版次	2017 年 8 月第 1 版
印次	2017 年 8 月第 1 次印刷
定价	52.00 元

本书如有印装质量问题请直接寄承印厂调换

厦门大学出版社
微信二维码

厦门大学出版社
微博二维码

福州芝山开元寺重点资助项目

福建省开元佛教文化研究所重点科研项目

"福建历代高僧评传"丛书编委会名单

顾　问：释学诚　方立天　余险峰
主　编：释本性
副主编：严　正　王岗峰　张善荣
编　委：释济群　释圆慈　王永钊　叶　翔　甘满堂
　　　　刘泽亮　陈庆元　张善文　李小荣　何绵山
　　　　陈　寒　郑颐寿　林国平　林观潮　周书荣
　　　　高令印　黄海德　谢重光　詹石窗　薛鹏志
　　　　戴显群
助　理：释妙智　那　琪　许　颖　孙源智

罗汉桂琛禅师法相

总序一

学诚

[中国佛教协会　会长
福建省佛教协会　会长]

福建地处我国东南沿海,早在三国时期,佛教就已传入这块充满生机的土地,并与生长在这里的人们结下了不解之缘,出现了诸如百丈怀海、黄檗希运、雪峰义存等杰出的佛门巨匠,而近代之太虚大师、弘一法师、虚云老和尚、圆瑛法师等以福建为道场,在中国佛教近代史上写下了光辉灿烂的一页。

纵观福建佛教的历史发展,它具有以下几个主要特点:

一、寺院建筑规模宏大。譬如泉州开元寺、福州怡山西禅寺、鼓山涌泉寺、厦门南普陀寺、莆田广化寺等,皆雕梁画栋、错落有致、气势磅礴、雄伟壮观。

二、丛林道风严整有序。自百丈禅师创立清规以来,丛林生活的规范即成为僧团和合共住的信条,一直延续至今,仍为僧团必须遵守的制度。

三、重视教育,培养僧才。佛教教育一直为福建各名蓝古刹的大德先贤所重视,早在唐宋时期,即有各种形式的讲学活动。近现代的佛学教育则应首推太虚大师创办的闽南佛学院，圆拙长老开办的福建佛学院，当今国内外住持佛教的许多大德多为两院毕业生。

四、弘经布教，法音周遍。人能弘道，非道弘人，福建佛教历来重视经典的传布与流通，宋代福州开元寺历40年雕刻出版《毗卢大藏经》（俗称"福州藏"），明清时期鼓山涌泉寺即刻版印刷佛教经典。斗转星移，现代由圆拙老法师发起和创立的莆田广化寺佛经流通处所印行的佛教典籍，对当代中国佛教的复兴产生了不可忽视的影响与作用。福建的法师，足迹遍及东南亚与港澳台地区，这些地区至今仍与福建佛教法谊绵延。

五、慈善救济，福利人天。经云："佛心者，大慈悲心是。"本着无缘大慈、同体大悲的思想与精神，千百年来，福建佛教积极开展济世利民的慈善事业，诸如兴建桥梁、施医施药、赈灾济厄等方面，皆留下了弥足珍贵的感人事迹！

六、通俗信仰普及民间。佛教在福建的不断发展，与传统的儒家、道教结合，从而形成各种地方性的民间信仰，千百年来，广泛融入到福建人民生活之中。

萧梁古刹——福州开元寺方丈本性法师，年富力强，嗣法明旸长老，秉承佛心、师志，集国内专家学者之力，精选出古今中外50名闽籍（或闽地）高僧，编撰"福建历代高僧评传"丛书，此举不仅是福建佛教界的大事，也是中国佛教界的盛事。丛书的出版，不光为彰显福建自古为佛教文化之重镇，更期追踪古圣先贤，为中华佛教界树立崇高典范，其拳拳赤子之情，令人感佩不已。

是为序。

总序二

[台北佛教会　名誉理事长]

在佛门中,曾有传言:"江浙出活佛,福建出祖师。"这不意味江浙不出祖师,而是赞扬浙江省出了一位济公活佛,江苏省则出了一位金山活佛,两者神迹轰动一时,故事流传民间,历久不衰,尤以济公活佛的影响可谓无远弗届。

至于说福建出祖师,那是因为福建多山,钟灵毓秀,而学佛出家为僧者众,也特别勤于修持,所以,历代高僧辈出,古有百丈怀海、黄檗希运、曹山本寂、雪峰义存等一代宗师,近代则有圆瑛、太虚、虚云、印光、弘一、广钦等大师,德泽遗馨犹在。

台闽佛教源远流长,溯流祖源,本是同根繁兴。早于清康熙期间,就有福建鼓山高僧参彻禅师游化台湾,建碧云寺于枕头山,由是开启了福建鼓山法系在台湾的传承。之后,福建佛教陆续传入台湾,出家僧众大多前往鼓山受戒,再转往各地参学。如今鼓山在台法系遍及全岛,如:基隆月眉山灵泉寺、台北观音山凌云寺、苗栗法云寺、高雄大岗山旧超峰寺,以及台南开元寺等。这是台湾佛教的五大法系,其发祥地即是福建鼓山。

1948年,慈航菩萨受鼓山法云派下圆光寺住持妙果和尚的邀请,从新加坡到台湾创办台湾佛学院,揭开了台湾光复后首创的僧教育机构,招收近百位青年佛子而教育之,造就了台湾佛教的人才,成为现今大弘法化的主流,如现任世界佛教僧伽会长的了中长老、世界佛光总会长的星云长老,以及曾经担任几个佛学院院长的真华长老;在美国有印海、妙峰、净海长老,菲律宾有自立、唯慈长老等。

慈航菩萨是福建人,出家于泰宁庆云寺,曾经参学于国内大师座下,如圆瑛大师、太虚大师等,嗣弘法于东南亚诸国;到台湾之后,于1949至1950年成为台湾僧青年的保护伞。由于慈航菩萨生前有回福建祖庭的遗愿,但因缘未具,自知往生时至,实时放下诸缘,于汐止弥勒内院闭关,并立下肉身不坏遗愿,1954年安详示迹法华关中。众弟子秉遵遗嘱,五年后开缸,成为台湾首尊肉身不坏菩萨,给台湾佛教奠定开枝散叶的深厚基础,这就是祖师的典范,德泽万民!

我是福建人,因受到慈航菩萨在台创办佛学院的感召,于1949年春天,负笈台湾亲近慈航菩萨研习佛法。慈航菩萨严持戒律,有过午不食、手不接金银的习惯。在弥勒内院之时,起居生活与学僧相同,身无长物,唯以佛法,广结善缘,除讲课写作外,就是持咒念佛,我受其感化,至今仍遵循慈师没有私蓄、广结善缘的身教,但不及慈航菩萨的修持与德行。虽然如此,我终生感念慈航菩萨的德泽,因为如果没有慈航菩萨在台湾创办僧伽教育,我就不会来台湾,不知现在是何样子了。2007年,福建泰宁庆云寺住持本性法师因发宏愿要迎请慈航菩萨的圣像回归祖庭供奉,与我联系,我万分感奋,因为我对慈航菩萨多年感念于心,终于有了报答的机会了。

在本性法师的真诚感召之下,慈航菩萨圣像的回归安奉,获得供奉慈航菩萨圣像的慈航纪念堂性昙法师同意,以及弥勒内院、静修院、菩提讲堂和慈航菩萨法系的肯定,2007年9月在本性法师率团迎请及中佛会率团护送下,由台湾经金门、厦门、福州、泰宁等地,隆重迎请与护送之仪式,引起世界佛教徒的高度关注与向往,使慈航菩萨的文化、教育、慈善等振兴佛教的三大理念,重新受到教界的重视!

本性法师是福建人,出家之后,曾被派到斯里兰卡研习佛法,获得硕士学位之后,即回国服务,是现今中国佛教倚重的弘法人才。本性法师重视教育与文化,在现代僧伽中,最具有佛学素养,能获其发愿承继慈航菩萨的三大志业,定能得心应手;对振兴中国佛教,一定能够贡献卓著,必使吾师慈航菩萨含笑于兜率弥勒内院矣!

2010年初,本性法师向我提及将要出版"福建历代高僧评传"丛书,并有为我师(慈航菩萨)立传于中,以为弘扬福建佛教于世界。这是一桩不朽的大功德,令我欣喜赞赏,因为历代祖师一生宏愿在于广传佛法,启导人心向善,而近代之高僧大德更是戮力相承,不遗余力,慈航菩萨则是两岸佛教弘法利生之代表。但愿此书面世,能成为各地教徒的明灯,普照大乘佛教于世界。是为序!

总序三

[香港佛教联合会　原会长]

"福建历代高僧评传"丛书面世,既承传了佛教史籍的文化传统,同时发扬了现代传达佛教精神的作用。

丛书以福建本籍高僧,或其他高僧在闽省弘化为描述重点,这并不存有畛域之见,只是从点到线而面作一引述,毕竟弘传佛法是佛教徒的普世事功。佛陀在世,将佛法真理,以游化诸国方式作广传,佛灭度后,佛教僧团为续佛慧命,从佛教发源地,向全球作放射式到各方弘法,佛教才有南传北传,佛法才有东渐西渐的空间说法。丛书为个别高僧作评传提到的弘法地区有大陆、新加坡、菲律宾、马来西亚、印尼、越南、香港和台湾。这崭新的载述,是过往僧传未曾有的。

梁慧皎撰写了我国佛教最早一部高僧史籍《高僧传》,编制起自东汉迄梁,九个朝代,继后唐道宣著《续高僧传》,宋赞宁著《大宋高僧传》,明如惺著《大明高僧传》,这四朝高僧传,在时间体例上大致依所历朝代作纵线安排。现今丛书亦以自唐、五代、宋、元、明、清、近现代等历代时间分述，条理分明，且紧贴时代。

人能弘道，道赖人传，佛教僧伽潜修向佛，当自可了脱生死，而佛陀成立僧团的重要目的，不只在引导僧伽自了，而在冀望他们能广宣弘化，普度众生，弥补了佛法虽好无人说的缺漏。因此僧伽便负有弘法利生的重任。僧伽队伍庞大，发心和行动不一，自慧皎为僧立传，取高为僧人品行标准，于是僧人中就有为众称誉为高僧的。《高僧传》膺任高僧的都是高蹈独觉的出家人，品行德高才堪称高僧，为他们立传是因他们能起言为人师，行为世范的教化作用。四部高僧传大同小异地将高僧德业分十门类记述：译经、义解、神异、习禅、明律、亡身、诵经、兴福、经师及唱导。清徐昌治编辑《高僧摘要》一书，将拘于形式的十门类转录为四类高僧：道高、法高、品高、化高。评传丛书不拘十门四类作高僧分论，只为个别作评传，想是高僧才具或专或博，修持或潜或显，都咸以佛陀万德庄严为依归，丛书这样编排评传实属契机合理。

僧伽有名无德固然是个别追求名闻利养的习气，不足为训，而有德无名亦难起宣教作用，为德高望重的高僧行事作翔实的布导，身教言教作客观的评述，"福建历代高僧评传"内容想必有感人的情节，动人的语言文字，应是最佳引人入胜的宣教题材，是直心向佛学佛人的最佳课本。期待这新编佛教史籍会是"澡雪精神，不特名世，亦必传世"。

佛历二五五三年（2009年）仲夏
觉光序于香港观宗寺 时年九十

总序四

[澳门佛教总会 会长]

窃以慧日高悬，辅掌闽之法化；有教无类，为学院培育龙象，如是性相，导开元佛学研究；万物生光，书画畅阐本怀，弥勒应世，专研慈航文化；任福州开元、泰宁庆云之丈席，为继承发扬佛教文化之精髓。

本性大和尚，藉开元佛教文化研究所，出版"福建历代高僧评传"，丛书之首，邀吾为作总序，自惭才疏，实愧不敢当也！惟感与师，相交相知，游历各邦，学养深厚，慈风法雨，著作良多，恩泽众生，年青有为，今荷担如来家业，是为翘首以瞻之。

"福建历代高僧评传"丛书，专选闽之先贤，殊胜因缘高僧，如闽侯雪峰义存禅师，上继行思，下开二宗，偈曰："切忌从他觅，迢迢与我殊，渠今正是我，我今不是渠。"

玄沙师备禅师，闻燕子声，随机示众，"此声乃诸法实相，善巧说法之显现"。

演音弘一大师："佛者，觉也，觉了真理，乃能誓舍身命，牺牲一切，勇猛精进，救护国家。是故救国必须念佛。"

古岩德清虚公老和尚:"证悟真空,万法一体,离合悲欢,随缘泡水。"

宏悟圆瑛老法师,宗通说通,辩才无碍,精研楞严,推为独步,教人"舍识用根,忘尘照性,悟圆理,起圆修,得圆证,疾趣无上菩提矣!"

泰宁慈航菩萨,护国弘教,实践人间佛教,服务社会、弘扬佛教传统;积极奉献,慈悲精神永在;勉励后学,身体力行实践。

漳州妙智和尚,注重禅修,深谙医术,提倡佛教养生之道,"三勤、三静、三淡、三乐"。古哲先贤,兹选五十余位,大德垂训,著述独立评传,每约十万余字,共计五百万数,诚邀专家学者评传,实乃近代庄严伟岸之纪。

佛陀入灭至今,已历二千五百余年,若无前人翻译经典以留传,如何发展各种思想与理论;若缺不同形式之劝世诗词,后世实难有可听闻机会;文章论述,了解当年佛陀教化;高僧传记,形象风范足传千古。从超越群峰,睥睨世情而视之,高僧无象之象,才会蔼然照耀。通过文字技巧,叙述介绍方式,将高僧之行谊,呈于读者眼前,经过文学表现,方能普及于民间,既能深入民心,达致弘法效用矣。

留传至今之各种传法方式,实有赖历代高僧努力所致。高山仰止,景行行止,而心向往之。重温过去高僧之行谊,从而体验先贤之贡献,如何影响后世,乃至中国佛教。吾深信阅读"福建历代高僧评传",必有助于提升个人心灵之洞见,为汝修行前路,点燃一盏明灯。默然祝祷!虔敬而颂之!

澳门佛教总会 健钊
佛纪二千五百五十三年岁次己丑佛诞日

总序五

[福建省开元佛教文化研究所　所长
福　州　芝　山　开　元　寺　方　丈]

福建,简称"闽",位踞东南,多山而临海,与台湾隔海相望。陈永定元年(557年)置闽州,下辖晋安、建安、南安三郡,此为福建省级建制之始;唐开元间,从福州、建州各取一字,这就是"福建"之名的由来。

闽地古称边鄙,远涉不易。筠州九峰普满大师问僧:"离什么处?"曰:"闽中。"师曰:"远涉不易。"曰:"不难,动步便到。"师曰:"有不动步者么?"僧曰:"有。"师曰:"争得到此间。"僧无对。(《景德传灯录》卷十七)然闽地民人,谙习佛法,其来久矣。据学者言,早在东汉、东吴、西晋时期,即有西域僧人取海路来华,而后来以海路来华且与福建有关者,就有佛教四大翻译家之一的真谛法师。据传,今南安九日山"翻经石"即为当年真谛翻译佛经之遗迹。

佛教在中土的发展,到唐代而臻于鼎盛,宗门崛起,"一花开五叶",形成曹洞宗、临济宗、法眼宗、云门宗、沩仰宗等五大宗,阅诸僧史传录,五宗祖师大都与福建有关联。

道一禅师,得法南岳让禅师门下,俗姓马,世称马祖,《景德传灯录》卷六云:"唐开元中习禅定于衡岳传法院,遇让和尚,同参九人唯师密受心印。始自建阳佛迹岭,迁至临川,次至南康龚公山。"马祖传法于建阳佛迹岭,是为南宗禅在闽传播之始。

百丈怀海禅师,福州长乐人,嗣法马祖。师睹禅宗自曹溪以来,多居律寺,于是创意别立禅居,建方丈、法堂等,丛林规模由是初具,禅门由是独行,其功甚伟!

沩山灵祐禅师,福州长溪(今霞浦)人,嗣法怀海禅师。师居沩山,敷扬宗教凡四十余年,达者不可胜数,入室弟子四十一人,最著者为仰山慧寂,其宗后称沩仰宗。

黄檗希运禅师,福州人。师参怀海禅师,弘化江表,开"黄檗门风"。

雪峰义存禅师,俗姓曾,南安县人。出家参学多方,得法归闽。其座下弟子众多,以玄沙师备、鼓山神晏为最著。义存禅学博大精深,云门与法眼两宗皆源出其门。

曹山本寂禅师,莆田人,嗣法洞山良价禅师。居曹山,为曹洞宗宗祖。

以上诸师,都是禅门开宗立派之祖师,佛之慧命,赖其传续。

宋代福建佛教达于极盛,丛林有上千座之多。禅宗曹洞、云门、法眼、临济、黄龙和杨歧诸宗在闽皆有流行,各领风骚于一时。

至于明清,国内佛教界,渐染世习,弊窦丛生,时佛门诸俊,莫不以振兴宗门、光大佛教为职志,由是有明末四大高僧出焉。在明末如火如荼的禅门复兴运动中,闽籍高僧出力甚勤,永觉元贤、为霖道霈诸师,于闽浙赣等地,踞狮子座,擂大法鼓,"中其毒而死者",实繁有徒,其重振曹洞一宗雄风,时人莫不称叹。又有福清临济僧隐元隆琦,布教东瀛,开创日本黄檗宗,为中日佛教交流史上的一位重要人物。

及于近现代,佛教界亦有令人高山仰止之四大高僧——虚云禅师、太虚法师、弘一法师和圆瑛法师。他们悲心真切,誓愿宏深,以福建为主要道场,立大法幢,救正法于危厄,济民生于倒悬。

虚云法师,生于泉州,被尊为一代禅门宗匠,曾长期弘化于福建。师一身兼担禅宗五派门庭——接传曹洞宗,兼嗣临济宗,中兴云门宗,扶持法眼宗,延续沩仰宗。师一生习禅苦行,以长于整顿佛教丛林、兴建名刹著称,曾是中国佛教协会名誉会长之一。

太虚法师,民国时期中国佛教界著名领袖之一。师一生致力于现代佛教的改革运动,提倡"人生佛教",是当代"人间佛教"理念的开创者。师还创办各类佛学院,培养僧才,其在闽弘法多年,创办了闽南佛学院。闽南佛学院为现当代佛教界培养了一大批精英人才。

弘一法师,严持戒律,精研佛典,被尊为南山律宗第十一代宗师。师久居厦门南普陀及泉州承天、开元等寺,门下著名弟子有圆拙法师等。

圆瑛法师,古田人,曾任民国中国佛教会理事长,中国佛教协会第一任会长。师辩才无碍,独步楞严,致力于兴办慈幼院,弘法度生。一生高举爱国爱教旗帜,积极献身中国抗日战争和新中国建设事业,其门下弟子有明旸长老、赵朴初居士、白圣长老、慈航法师等。

近现代的福建高僧,多有弘化于东南亚诸国者,他们为佛教在东南亚的发展做出了突出的贡献。如转道法师,南安人,曾参学于圆瑛、会泉诸位大德,曾任新加坡中华佛教会会长;宏船法师,晋江人,历任新加坡佛教总会主席、新加坡佛教总会会长;性愿法师,南安人,致力弘扬佛法,被尊为"菲律宾佛教之开山初祖"……

1949年,中华人民共和国成立,在新的社会形势下,佛门弟子各承师志,弘化一方,又涌现出了许多闽籍高僧。

圆拙法师,连江人,为弘一大师的衣钵传人。先后担任福建省佛教协会副会长、名誉会长、中国佛教协会副会长、中国佛教协会咨议委员会主任等职。师一贯重视佛经流通,创办莆田广化寺佛经流通处等,印行经书,法雨普滋,名闻全国。

明旸法师,福州人,依圆瑛大师披剃出家,法名日新,号明旸。先后两次随圆瑛大师远涉南洋各地募款救国。曾任第八届全国政协常委、全国政协民族宗教委员会副主任,中国佛教协会副会长等职。

台湾佛教自古与福建佛教法缘甚深。连横《台湾通史》言:"(台湾)佛教之来,已数百年,其宗派多传自福建。"两岸佛教界同根同源,近年来,教内交往越发频繁,两岸僧人同聚首,共叙法乳深恩,为海峡两岸的和平与发展,为中华民族的伟大复兴,竭尽绵薄之力。

慈航法师,建宁人,剃度出家于泰宁庆云寺,后驻锡台湾。师圆寂后,肉身不化,是台湾第一尊肉身菩萨。师学从太虚大师,嗣法圆瑛老和尚,精专唯识,倡导人间佛教理念,创办《人间佛教》月刊,以"文化、教育、慈善"推动实践人间佛教精神,对当代台湾佛教界有着极为深远的影响。

2007年9月,承慈航菩萨圣像回归泰宁庆云寺祖庭活动举办之胜缘,为继承与弘扬中国优秀的佛教文化,加强福建省与国内外佛教文化界的友好交往,挖掘、整理、研究、光大福建佛教文化,经福建省民族宗教厅同意、福建省社会科学界联合会批准、福建省民政厅登记,福州开元寺创办了福建省开元佛教文化研究所。建所伊始,我们即拟定了编撰"福建历代高僧评传"丛书的课题计划,选取与福建有殊胜因缘的代表性高僧约50位,为每位高僧撰写一本评传。

　　这套丛书的出版得到社会各界的大力支持,国内外专家学者热烈响应并积极参与丛书的编撰工作。值此"福建历代高僧评传"丛书付梓之际,我谨代表福建省开元佛教文化研究所对所有曾为丛书组织、编撰、审稿和出版付出辛勤劳动的各界人士表示诚挚的感谢,特别感谢中国佛教协会副会长、福建省佛教协会会长学诚大和尚,台北佛教会理事长净良长老,香港佛教联合会会长觉光长老,澳门佛教总会会长健钊长老诸前辈拨冗赐序,并感谢中国人民大学方立天教授、福建省文史馆副馆长余险峰先生、福建社会科学院原院长严正教授、本所副所长张善荣先生、王岗峰教授等专家学者的关心与支持。我们并衷心希望学界、佛教界以及社会各界人士能够一如既往地给予此丛书更多的关注,以使该丛书能够对推动福建乃至中国的佛教学术研究事业有所助益。

　　　　　　　　　　　　佛历二五五三年(2009年)于福州开元寺禅悦斋

目 录

第一章 桂琛禅师生活的时代 …………………………… [第一页]

  一、生逢乱世 ………………………………………… [第一页]

  二、浓厚的社会崇佛风气 …………………………… [第一〇页]

  三、僧俗之间的互化交往 …………………………… [第二二页]

  四、佛教诸宗派并存 ………………………………… [第三四页]

  五、充裕的寺院经济 ………………………………… [第四一页]

第二章 桂琛禅师的游学传法路线与时间 ……………… [第四九页]

  一、桂琛时代禅僧游学的风气 ……………………… [第四九页]

  二、桂琛禅师游学传法路线及时间 ………………… [第五七页]

第三章 桂琛禅师的师承与同学 ………………………… [第八八页]

  一、桂琛禅师的师承 ………………………………… [第八八页]

二、桂琛禅师的同学 …………………………………… [第一一〇页]

第四章　桂琛禅师悟道后的弘法 …………………………… [第一二二页]

一、桂琛禅师在地藏院的弘法 ………………………… [第一二二页]

二、桂琛禅师在漳州罗汉院的弘法 …………………… [第一三八页]

三、桂琛禅师的法嗣弟子 ……………………………… [第一四四页]

第五章　桂琛禅师的禅学思想 ……………………………… [第一四七页]

一、桂琛禅师的禅学思想构成 ………………………… [第一四七页]

二、桂琛禅师《明道颂》中的禅学思想 ……………… [第一五四页]

三、《漳州罗汉桂琛和尚语（录）》中的禅学思想 …… [第一六二页]

四、桂琛禅师机锋语言中的禅学思想 ………………… [第一七三页]

第六章　桂琛禅师的历史地位与影响 ……………………… [第一八一页]

一、对桂琛禅师历史地位的评价 ……………………… [第一八一页]

二、桂琛禅师对法眼宗的影响 ………………………… [第一八三页]

附　　录 ……………………………………………………… [第一九三页]

参考文献 ……………………………………………………… [第二〇六页]

后　　记 ……………………………………………………… [第二一二页]

第一章 桂琛禅师生活的时代

一、生逢乱世

　　罗汉桂琛禅师（867—928），浙江常山人，南宗慧能大鉴禅师下青原系第八祖，是法眼文益禅师（885—958）的开悟老师，同时也是法眼宗创立承上启下的关键人物。他生活的时代，正值唐末五代时期。这一时期，中原朝代更迭，战乱频仍。而桂琛一生活动的吴越、闽中地域，正处于藩镇割据当中。在桂琛禅师入闽前的吴越之地，战乱不断，直到吴越王钱镠（852—932）在乾宁四年（897）基本控制两浙（浙东和浙西）时，终于形成比较稳定的地方割据势力，而这时期的桂琛已经身处福建了，这一年，桂琛禅师值31岁。在这之前的三十年左右的大部分时间，桂琛禅师即是生活在入闽前的吴越战乱之地。

　　桂琛禅师入闽后，同样正值战乱。从公元893年王潮兄弟戡定了福建局势，直到王审知于925年死，再至后唐天成三年（928）桂琛禅师圆寂，在这一段时间，闽境政治相对稳定，禅宗发展大为兴盛。即

便如此,形成地方割据势力的福建,其周边地方势力如北方的割据势力吴越、西邻割据势力吴地(江西、江苏),以及南方割据势力南汉,从来就一直威胁着王审知兄弟统治的福建。因此,正如学者张云江在其著作《法眼文益禅师》开篇中,对桂琛禅师的学生法眼文益所描述的那样,"自唐僖宗乾符二年(875)王仙芝、黄巢在河南、山东一带起义算起……唐末乱世加上五代十国之混乱局势……(文益)可谓与乱世相始终者"。① 同样,比文益大18岁的桂琛禅师,他所处的时代何尝不是如此!

关于桂琛禅师的生平,最早的文献在北宋释赞宁所撰《宋高僧传》卷十三《后唐漳州罗汉院桂琛传》有录,传文记载:

> 释桂琛,俗姓李氏,常山人也。甫作童儿,笃求远俗,斋茹一餐,调息终日,秉心唯确,乡党所钦。二亲爱缚而莫辞,群从情缠而难脱。既冠,继逾城之武,求师得解虎之俦,乃事本府万岁寺无相大师矣。初登戒地,例学毗尼。为众升台。宣戒本毕,将知志大,安拘之于小道乎!乃自诲曰:"持犯束身,非解脱也。依文作解,岂发圣乎?"于是誓访南宗,程仅万里。初谒云居,后诣雪峰、玄沙两会,参讯勤恪。良以嗣缘有在,得旨于宗一大师,明暗色空廓然无惑。密行累载,处众韬藏。虽夜光所潜,而宝器终异。遂为故漳牧太原王公诚请,于闽城西石山建莲宫而止。驻锡一纪有半,来往二百众。琛以秘重妙法,罔轻示徒,有密学恳求者,时为开演。后龙溪为军倅勤州太保琅琊公志请,于罗汉院为众宣法,讳让不获,遂开方便。不数载,南北参徒衰疑而往者不可殚数。有角立者抚州曹山文益、江州东禅休复,咸传琛

---

① 张云江著:《法眼文益禅师》,厦门:厦门大学出版社,2010年,第1页。

旨，各为一方法眼，视其子则知其父矣。以天成三年戊子秋，复届闽城旧止（址），遍玩近城梵宇。已俄示疾数日，安坐告终，春秋六十有二，僧腊四十。遗戒勿遵俗礼而棺而墓，于是荼毗于城西院之东岗。收其舍利，建塔于院之西，禀遗教也。则清泰二年十二月望日也，琛得法密付授耳。时神晏大师，王氏所重，以言事胁令舍玄沙嗣雪峰。确乎不拔，终为晏谮而凌轹，惜哉！①

通过对桂琛禅师的生平资料考察，他生于唐懿宗咸通八年（867），21（虚）岁（既冠）出家事本府无相大师剃度，②次年22岁受具足戒（根据桂琛僧腊四十推断），成为正式僧人，并在无相大师的指导下学习戒律（毗尼）。有一次升台为僧众讲律之后，同年（888）离开万岁寺，③开始他的游学生涯。他先是谒访云居山道场④（今江西境内），然后进入福建境参访雪峰和玄沙二位禅师。直到后唐明宗天成三年（928），桂琛禅师从漳州罗汉院回到故地，并于是年圆寂，世寿62岁，僧腊四十。他的一生经历了唐懿宗（860—873）到唐哀宗（904—907），后梁（907—923），一直到后唐（923—936）明宗天成三年（928）圆寂为止，是典型的浙江籍出家人在福建悟道并传法的禅宗高

---

① ［北宋］释赞宁撰：《宋高僧传》卷十三，《大正藏》第50册，第786～787页。
② 根据北宋惠洪撰《禅林僧宝传》卷四："禅师名桂琛，生李氏，常山人也。幼卓越，绝酒载，见万寿寺无相律师，即前作礼。无相拊其首曰：'若从我乎？'乃欣然依随之，父母不逆也。年二十余，即剃发为大僧。"根据《宋高僧传》卷十三"既冠"之语，在古代成人冠礼是在男性年满20足岁时施行。而在具体行文中的年岁均用虚岁，故桂琛为虚岁21出家。参见《万字续藏》第79册，第500页上。
③ 关于桂琛离开万岁寺的时间，我们定在公元888年，在后面有详细的考证，此处按下不表。
④ 江西云居山道场，由曹洞宗高僧道膺（853—902）建立，曾在云居山开堂讲学三十年，直到圆寂。其讲学期间，徒众常达千余人。参见［北宋］赞宁撰：《宋高僧传》卷十二，《大正藏》第50册，第781页上。

僧。根据上面的文献记载,从桂琛"初谒云居,后诣雪峰、玄沙两会"等语看,他在云居山道膺道场学习的时间应该不算太长,然而文献没有确切的交代他进入福建的时间。但是可以肯定的是桂琛禅师是在902年(道膺圆寂)之前进入福建是不争的事实。①实际上,我们认为桂琛禅师进入福建的时间会更早,大致推断,约是在890年左右。②

尽管如此,桂琛禅师生平的大约前二十多年时间是生活在入闽前的吴越之地基本可以勘定。在下面的论述中,我们将按桂琛入闽前与入闽后的两个阶段对他生活的社会背景予以大致介绍。③

(一)桂琛入闽前的地域政治生态

桂琛入闽前的吴越之地是怎样的政治局面呢?正如学者何勇强在《钱氏吴越国史论稿》中所说的那样:

> 唐朝后期,南方已经相当武装化了。我们说,黄巢起义彻底摧毁了唐王朝的统治,是唐王朝灭亡的导火索。这种导火索的作用并不表现在它如何打败了唐朝的军队,也不表现在它如何破坏了社会生产力。它表现在两个方面:对北方,它瓦解了原有的政治格局;对南方,它使原有的民间武装借着防御自卫的名义沉渣泛起,从幕后走向台前,从地下变为公开。如果说在此之前,唐朝的政府机构在南方还正式存在,或多或少地发挥着作用的话,那么,在此之后,它就彻底被

---

① 根据道膺禅师902年圆寂,之前的三十年在云居山道场传法讲学,这一段时间涵括了桂琛禅师入闽前的生平阶段。因此可以断定,至少桂琛禅师在902年之前(后唐天复二年道膺圆寂之前)就已经进入闽境。

② 参看后面的章节关于桂琛进入福建的时间考订。

③ 桂琛在江西云居道场学习的时间由于较短,我们将对这一段时间的政治背景舍弃不作介绍,特此说明。

这些民间的武装组织取代了。①

上述观点，比较切实地道出了唐末地方武装凭借抵御黄巢农民起义而崛起的豪族势力如何打破原来的藩镇割据平衡的基本现实，而钱镠则是这一时期吴越地方势力的典型代表。实际上，钱镠戡定两浙前的这一段时间，正值桂琛入闽前的时期。总体算来，也有近二十余年的时间。所以，考察这段时期两浙的政治生态对于了解桂琛禅师入闽前的世俗生活和修行经历的客观外在环境就具有比较切实的价值。

单就以钱镠作为人物中心进行考察，唐乾符二年（875），时值桂琛禅师九岁。这一年，浙西裨将王郢作乱，石镜镇将董昌募乡勇平息了战乱。据说钱镠也参加了平息战乱的军事活动，但所起的具体作用史料没有交代，②其中董昌就是一支地方武装力量。王郢的叛乱从浙西转战到浙东，后来大部分时间盘踞在闽南沿海作为据点。几乎就在这几年，浙西又爆发了朱直、孙端之乱，钱镠因此立下战功。于时，"王（钱镠）时郊居葛莆，嘉遁茅山。方当枕石漱泉，尚是褒衣博带，睹兹多事，慨然究怀，顾谓朋友曰：'丈夫须当拨乱平奸，岂可怀安端坐？'……一月之内，二寇殄平，静千里之山川，就两郡之涂炭"。③可见，钱镠确实在战争中起了主要作用，事后被封为石镜镇都知兵马史。再次乾符五年（878），曹师雄作为王仙芝的一部，在浙江北部湖州作乱，钱镠参与平定曹师雄的战争。④以上三个战乱，都是发生在桂琛禅师十岁上下的年龄时间阶段。

---

① 何勇强著：《钱氏吴越国史论稿》，杭州：浙江大学出版社，2002年，第42页。
② 参见《新五代史》卷六十七，《吴越世家》。
③ 参见《全唐文》卷八九八。
④ 参见《吴越备史》卷一。

桂琛生活在江浙入闽前的二十多年期间，在吴越王钱镠控制两浙之前，根据何勇强先生的整理，一直发生着战乱，具体表现在以下四个阶段：①

（1）第一次杭越战争（882—886），董昌（？—896）和刘汉宏（？—886）争夺两浙霸权的战争。此战争发生在中和二年（882）七月，直到光启二年（886）十月结束。以及孙儒之乱、浙西三州混战、钱镠收复苏州之役。

（2）第二次杭越战争（895—896），钱镠和董昌争夺两浙霸权的战争。钱镠在这次战争中取得胜利，成为后来吴越国的主要疆域基础，并取得镇海、镇东两镇节钺。

（3）淮浙战争（895—901），钱镠与杨行密②（852—905）的冲突。包括苏州之战、婺衢之战、临安之战。

（4）另外还有平定天复二年（902）徐许之乱、平定发生在天复三年（903）的陈璋之乱等等。

以上罗列的战争与平乱，仅是与钱镠相关的，还有很多发生在江浙钱镠没有参与的战乱、冲突就更多了。因此，通过以上的资料，至少在钱镠平定两浙之前的期间，桂琛禅师入闽前的岁月基本上是在战争的环境中度过。即使在桂琛仅作短暂停留的禅宗丛林万岁寺，虽是为清修之地，但寺外的不绝兵戈，客观上不可避免的侵扰着寺内僧徒的修行。因此，作为此阶段生活和修行的桂琛禅师，不可能对自己的周遭没有体悟，只是限于文献的缺乏，没有具体交代罢了。而实际的情况

---

① 参见何勇强著：《钱氏吴越国史论稿》，杭州：浙江大学出版社，2002年，第75～143页。
② 五代十国中吴国的实际奠基人。

是，桂琛仅在万岁寺驻锡了不足两年便离开了，离开时年仅22岁。在他离开后不久，他的老师无相禅师也在这一年圆寂了。①

（二）桂琛禅师入闽后的政治生态

桂琛禅师离开衢州常山万岁寺之后，向西进入江西境内，跋山涉水到了江西云居山道场，参学于云居道膺禅师。由于学无所获，不久后（大约在890年）向东南进入福建。而此时的福建，也是正处于战乱状态，不过时间持续不长。关于桂琛禅师入闽后的政治生态，徐晓望先生在其著作《闽国史》中作了恰切总结：

> 王闽割据政权的建立、巩固和繁荣，起自光寿移民入闽的唐僖宗光启元年（885），迄于王审知逝世的后唐庄宗同光三年（925），前后四十年。在这期间内，淮南道的光州、寿州移民跋涉千里，来到僻处东南一隅的福建，他们和福建土族汉族、畲族联合，经过艰苦的斗争，建立了地方性政权，并在国内首先实现了局部和平。王潮、王审知对内采取安抚百姓、发展农桑、减轻赋税、崇尚宗教的政策，维持了长达三十三年的社会安定局面。在对外方面，进贡中原朝廷，成功地使福建置身于战乱之外，为经济文化的发展创造了条件。②

上面徐晓望先生对王闽割据政权的总结，反映了桂琛禅师自入闽以来到圆寂三十多年时间的真实政治生态，他是幸运的。那么具体情形又是怎样的呢？这要从光寿二州移民中的王审知三兄弟进入福建攻打泉州之前开始了解。

---

① 参见第三章"桂琛的师承与同学"关于无相大师生平一节的考证。
② 徐晓望著：《闽国史》，台北：五南图书出版社，1997年，第3页。

在王审知三兄弟自光寿二州入闽之前,就已经有一支福建自治的地方武装统治着福建。 正如前面提到,黄巢起义军打破了唐末的军事割据的格局,很多地方武装借防御自卫的名义从幕后被推到前台,福建的情况也是如此。 唐僖宗乾符五年(878),黄巢的军队打到福建,先后攻克建州和福州,福建观察史韦岫不战而逃,唐朝的武装力量在福建的统治瓦解。 随即地方豪族首领陈岩组织乡勇数千人,相续收复黄巢攻占的建州、福州,因而陈岩受到中原朝廷封赐,开启了五代福建地方武装治闽的时期。

在陈岩治闽期间,王潮(审知兄)取代原来的首领王绪,领军进入福建,应地方百姓之请,攻打廖彦若治下的泉州。 并于光启二年(886)攻克泉州,杀死廖彦若。 在此期间,身为福建观察史的陈岩袖手旁观,并向朝廷上表,封王潮为泉州刺史,使得王潮在泉州的统治合法化。①

福建的统治格局在唐昭宗大顺二年(891)发生变化。 在王潮据泉州后的第五年,福建地方首领陈岩病死,他的妻弟范晖策动继承了陈岩位,然而不得军心。 陈岩以前的一些老部下投奔王潮,并力劝王潮攻打范晖。 唐昭宗景福元年(892),由王审知亲自领导的部队开始攻打范晖盘踞的福州,经过艰难的攻城,于景福二年(893)攻下福州。 王潮进入福州,开启了王氏三兄弟在福州的统治,此时的桂琛禅师已经在福建求学了。 之后的几年,福建的汀州、建州等地,相续尽归王潮,福建得到完全统一。 直到乾宁三年(896)九月,唐朝廷升福州为威武军,任命王潮为威武军节度使,检校尚书左仆射(唐末的藩镇节度使具

---

① 参见徐晓望著:《闽国史》,台北:五南图书出版社,1997年,第10页。

有独立的地方的行政、军事、财政大权）。从此政治上开启了王氏兄弟统治福州的合法化，也奠定了王氏兄弟统治福建近三十的和平时代。①

乾宁四年（897）十二月王潮病死，王审知继兄位。唐昭宗光化元年（898）三月，唐朝廷封王审知为威武军节度留后，刑部尚书。五月，加封他为盐铁发运使。十月，正式任命他为节度使，兼任三司发运使。直到后唐庄宗同光三年（925）审知死，王审知统治福建长达二十八年。②根据桂琛禅师生平，他圆寂于928年，也就是说，在他入闽之后的三十多年中，绝大部分时间都是在王审知任内，仅有生命的最后三年是在审知死后度过。

根据史料，从王潮乾宁三年（896）开始担任节度使合法统治福建开始，到王审知同光三年（925）年死，在这三十年中，为了保境安民，他们在政治上采取了一系列的政策，具体体现在：（1）争取土著居民的支持；③（2）整肃吏治，轻徭薄赋；（3）崇尚佛教，礼遇高僧（也尊重其他的宗教并存，如道教、民间宗教等）。在军事外交策略上，与钱镠如出一辙，主要体现在：（1）向中原朝廷纳供称臣，不称王称帝（这样就取得中原朝廷的军事支持）；（2）交好邻道，连横抗强（正确处理与吴国、吴越、南汉的关系，相互牵制，相互制衡）；（3）加强海防等等。通过以上种种策略，王氏三兄弟得以在福建的统治达到境内清宁、和平，为福建禅宗的高度繁荣创造了安定的客观外部环境，桂琛禅

---

① 参见徐晓望著：《闽国史》，台北：五南图书出版社，1997年，第12页。
② 参见徐晓望著：《闽国史》，台北：五南图书出版社，1997年，第14页。
③ 如王潮之女嫁给陈岩之子，以取得陈岩部族的支持。

师在福建参学、传法的三十多年中即是处在这样的利好环境中。①

综上所述，桂琛禅师入闽前生活的两浙地域正值军阀混乱时期，战乱不断，但没有文献资料显示和证明这些战乱对桂琛禅师的生活和修行产生影响。另一方面，桂琛禅师入闽的时间，在文献上没有明确的记载，②我们大致以唐昭宗大顺年间（890—891）为桂琛入闽的时间界限，③桂琛禅师在入闽之后的三十多年中都是在福建参学和传法。在这三十多年中，桂琛绝大部分时间是在王审知任上度过（除去他生命的最后三年）。在这一段时间中，福建基本上没有什么战乱，是处于安定和平的环境当中。正是在这样的和平环境下，成就了桂琛禅师这样的一代禅宗高僧。

二、浓厚的社会崇佛风气

桂琛在闽时期，社会崇佛风气浓厚，主要的原因当然是王氏政权以佛教作为巩固统治和稳定社会的有力精神资源。因此，在王氏家族盘踞闽中建立割据政权以后，采取了尊崇佛教的态度，扶持禅宗高僧，从而使得整个社会弥漫着浓厚的崇佛氛围。王氏贵族的这种崇佛态度，是与佛教协助王化统治分不开的，这在北宋钱昱撰写的《重修忠懿王庙碑》中有着重的说明：

（审知）尊天事地，奉道飨神，无非克诚，足以监德。然而素钦释

---

① 从客观上说，王氏家族对福建的统治实际上应该从景福二年(893)王审知攻下福州，王潮入城开始算起，一直到王审知同光三年(925)年死，准确的说前后一共长达33年。
② 关于桂琛禅师入闽的时间，在后文中将有仔细考订，此处从略。
③ 详情参见第二章"桂琛禅师游学传法的路线与时间"。

典,大廓法门,众善皆臻,何德不报。无漏上智,苏葛布于诸方;有作良因,伽蓝遍满于乐国。炼即山之坚固,铸六文化身;镕丽水之光辉,写五千秘藏。事非为己,愿乃庇民。①

碑文中的描述,主要是说王审知借用佛教来辅助教化,同时祈愿佛教保境安民。除此之外,还表现在社会民众对佛教的痴迷,例如其中一条出自宋朝黄榦(1152—1221)的文献记载:"王氏入闽,崇奉释氏尤甚。故闽中塔庙之上甚甲于天下,家设木偶、绘像、堂殿之属,列之正寝,朝夕事之惟谨。"②由此可见,王氏入闽之后社会对佛教的炙热程度之甚,其中以"塔庙甲天下"说明闽中寺庙建造之多,考察于当时的事实的确如此。此外,对王审知崇佛的评价,其中一条文献还记录了当时一位来自南方僧人的观察:

> 五代之间,诸侯割据,天下夹剖,训练士卒,更相吞噬,而佛法独盛于时,其国王大臣犹能倾心奉道,人重法故也。当是时,孟氏起于西蜀,钱氏据浙右,李氏守江南,以至闽之王氏,皆严塔庙,崇圣教,延访高僧,咨求法要。③

以上所引文献提到了五代时期南方割据政权(国家)的崇佛情况,包括王审知兄弟政权在内表现为"皆严塔庙,崇圣教,延访高僧,咨求法要"的事实。实际上,桂琛禅师入闽后王氏政权辖下的福建其崇佛表现是多方面的,具体举措表现在造寺、度僧、礼遇高僧,士人与僧人的互化交游、普通民众崇信佛教等等。另外,此一时期高僧辈出,禅

---

① [北宋]钱昱撰:《重修忠懿王庙碑》,[清]徐景熹撰:《福州府志》卷七十,扬州:江苏广陵古籍刻印社,1996年,第327页。
② [明]喻政主修:《福州府志》卷二十四,扬州:江苏广陵古籍刻印社,1996年。
③ [北宋]王廓撰:《鼓山涌泉寺新修忠懿王祠堂碑》,《开闽忠懿王氏族谱》,第84页。

宗的发展更是在福建掀起高潮。我们希望通过对以上这些崇佛表征的讨论，从而可以勾勒出桂琛禅师入闽之后整个社会的佛教（主要是禅宗）发展状况。在下面的行文中，我们将对王审知兄弟主政福建、桂琛禅师入闽之后的建寺、造像缮经、度僧等崇佛行为进行逐一讨论。

（一）建寺

王审知统治福建时期崇佛的其中一条主要举措就是修建寺庙。寺庙是容纳僧众（修行）、佛像神灵（祈祷对象），以及吸引信众信受佛法的宗教神圣空间。因此，造寺修庙是崇佛最直接的体现。在王氏主政福建，桂琛驻闽的期间，建造了为数不少的寺院，以福州为例，根据《三山志》记载：

>自晋太康始，寺绍因于州北，既而终晋，才益二寺。越二百载，齐之寺一，梁之寺十七，陈之寺十三，隋之寺三。唐自高祖至于文宗二百二十二年，寺止三十九。至宣宗乃四十一，懿宗一百二，僖宗五十六，昭宗十八，殚穷土木，宪写宫省，极天下之侈矣。而王氏入闽，更加营缮，又增为寺二百六十七，费耗过之。自属吴越，首尾才三十二年，建寺亦二百二十一。①

根据上面的文献，统计了福州起自晋太康，到吴越割据福州时期所修建寺庙的数目。其中到王氏入闽之后，寺院的增建有着爆发式增长，达到增建寺庙二百六十七所之多（如果还包括吴越割据福州这段时期，总计福州一共增建寺庙四百八十八所）。根据徐晓望《闽国史》描述，新增寺庙加上福州原有的寺庙共有七百八十一座，而这仅仅只是统

---

① [南宋]梁克家撰：《三山志》卷三十三，福州：海风出版社，2000年，第512页。

计了福州的情况。如果把时间稍作延长，五代宋初福州之外的州县如建州的佛寺数量，据杨亿统计：建安佛寺三百五十一，建阳二百五十七，蒲城一百七十八，崇安八十五，松溪四十一，关隶五十二，仅千区（实为九百六十四所）。也就是说，福州和建州两地的寺庙加起来一共达到近两千所。① 由此可见王闽政权前后时期福建佛寺建造之盛，可以说是伽蓝遍地，这不能不说是王氏割据政权狂热崇佛的结果。

我们知道，寺庙的营造，除了主体建筑的搭建，还需要内外进行装饰，并安置神像。这一时期，如著名寺院泉州开元寺的装饰就显得富丽堂皇，为我们提供了佛教寺院装修极尽奢华的典型案例。乾宁四年（897），王审邽（审知兄）时任泉州刺史，修缮开元寺，据唐末黄滔《泉州开元寺佛殿碑记》中记载：

不期年而宝殿涌出，栋隆旧绮，梁修新虹。八表四隅，悉半乎丈。柱盛镜础，方硅丛斗。楣承蟠螭，飞云翼棋。文榱刻桷，楞璃杈楞。或经纬以开织，或丹雘而缬耀。晶若蟾窟，橐如鳌背。风夏触而秋生，僧朝梵而谷应。升者骨冰，观者目波。而五间两厦，昔之制也。自东迦叶佛、释迦牟尼佛，左右真容，次弥勒佛、弥陀佛，阿难、迦叶菩萨卫神。虽法程有常，而相貌之欲动。东北隅则揭钟楼，其钟也新铸，仍伟旧规。西北隅则揭经楼，双立岳峰，两危蜃云。东瞰全城，西吞半郭……②

上面引文中黄滔对泉州开元寺修建完成后的描述何其壮丽，简直是

---

① 徐晓望著：《闽国史》，台北：五南图书出版社，1997年，第325页。
② ［唐］黄滔撰：《泉州开元寺佛殿碑记》，《黄御史集》卷五，《影印文渊阁四库全书》第1084册，台北：台湾商务印书馆，1983年，第133页。

宛若天宫。我们可以想象，如此崇佛，必定耗费大量资财。在上面泉州开元寺资金筹措方面，也仅仅在《碑记》前交代了"王审邽割俸三千缗"修缮寺庙的事实。缗是古代穿钱的绳子，这里的三千缗，指的应该是三千串钱。我们估算，这区区三千串钱对于修缮如此富丽堂皇的开元寺应该是远远不足吧，剩下的资费数据可惜在碑文中没有交代，我们设想，大部分资金应是来自王氏政权的资助。

根据以上的描述，桂琛禅师入闽后福建造寺的情况可见一斑。由此可见，桂琛入闽后的福建以寺庙之繁盛来形容，并不为过。

（二）造像与缮写佛经

上面提到，桂琛禅师驻锡福建期间，王氏政权大规模地修建寺庙。因此，在逻辑上寺庙的造作必然伴随着大量的造像和经典的修缮。而实际上是，在桂琛禅师入闽之后，在政府的主导下进行了数次大规模的造像以及佛经的修缮活动。① 下面我们将简略梳理一下桂琛禅师入闽后王审知政权造像缮经的基本情况。

在造像方面，较早的造像活动出现在前文提到的乾宁四年（897），王审邽时任泉州刺史时的造像活动。此次造像记载体现在黄滔在《泉州开元寺佛殿碑记》中提到王审邽修建泉州开元寺成，其中寺殿内塑像"自东迦叶佛、释迦牟尼佛左右真容，次弥勒佛、弥陀佛，阿难、迦叶菩萨卫神，虽法程有常，而相貌之欲动"②，以此叙述可见当

---

① 在桂琛禅师圆寂之后闽国的造像活动实际上规模还是很大，也有佛经缮写，但是没有发生在桂琛禅师入闽后的生平时期，因此在后面的行文中将不予讨论。

② ［唐］黄滔撰：《泉州开元寺佛殿碑记》，《黄御史集》卷五，《影印文渊阁四库全书》第1084册，台北：台湾商务印书馆，1983年，第133页。

时造像的水平之高。

再就是王审知造丈六金身佛像，同样是在黄滔撰《丈六金身碑》中有载："乃命自宾席之逮将校，将校之逮步乘，步乘之逮众庶，其有植信根之深者，映惠烛之明者，许一以金投吾俸中，将楪于肆，俟以铜易而后鸠工。鸿炉……（像成）檀信及门而膝地，童耋遍城而掌胶。"① 根据黄滔撰《丈六金身碑》的碑首有"初我公登坛之三年己未秋"的时间标记，可知此事发生在昭宗光化二年（899），而此时审知已经开始主政福建。从文献看，可见此像从初造到像成，从上到下，民众对佛像的崇拜热情之高，达到"檀信漆地，童耋遍城而掌胶"的地步。

还有一条文献出现在唐天祐三年（906），王审知于福州九仙山定光多宝塔之右，铸丈六金铜像一尊、丈三菩萨像二尊，铜为内肌，金为外肤。又在乌石山神光寺，"王氏用铜六万斤、黄金三百两铸弥勒像，方三丈六尺。"② 此次在神光寺的造像规模就很大了，耗费铜六万斤、黄金三百两。作为以小农经济为支撑的封建社会，这样的耗费算是很奢侈了。

另外，涉及审知主政时期的造像文献还有两条：

> 怀安开元寺……梁贞明四年（918），闽王以梦故，谏□□□万斤，以秦藩七十所于城东。故□□□□□万三丈有七，足创以金，置太平寺。③

> 怀安太平寺，州东，本开元寺地，后唐同光元年（923），闽忠懿王

---

① [唐]黄滔著：《黄御史集》卷五，《丈六金身碑》，《影印文渊阁四库全书》第1084册，台北：台湾商务印书馆，1983年，第140～141页。
② [南宋]梁克家撰：《三山志》卷三十三，福州：海风出版社，2000年，第517页。
③ [南宋]梁克家撰：《三山志》卷三十三，福州：海风出版社，2000年，第514页。

祈建。忠懿于城西南张炉冶十三所,备铜蜡三万斤铸释迦、弥勒像,庄宗题为金身报恩之寺。①

最后这三次造像所耗费的资源铜等贵重金属均在数万斤以上,应该算是属于非常大规模的造像活动了。

以上是我们按时间顺序罗列的王审知主政福建时期(也是桂琛入闽后时期)的主要造像活动,特别是后三次的造像规模之大,极为罕见。上面罗列的几次造像活动,至少有四项是王审知亲自主持的,其中较早的一次是其兄王审邽筹建,最后一次同样是王审知(闽忠懿王)祈建。从以上的造像行为看,这些造像活动集中体现了王氏贵族对佛教偶像的尊崇。

缮修佛教经典,是审知主政福建时期崇佛的另一项重要举措。例如在黄滔撰《大唐福州报恩定光多宝塔碑记》载:

> 其经也,帙十卷于一函,凡五百四十有一函,五千四十有八卷,皆极剡藤之精,书工之妙。金轴锦带,以为之饰。天祐二年(905年)乙丑夏四月朔,我公宿诚于州,束烹于肆。及胁降之辰,大陈法会,以藏其经。②

此事描述的是王审知于天祐元年(904)的缮经活动,只是黄滔描写时已经是天祐二年的事了。

有资料显示,王潮、王审知主政福建时期,其中王潮身为威武军节度使时,曾"泊帅闽也,愈进其诚,缮经三千卷,皆极越藤之精,书工之

---

① [南宋]梁克家撰:《三山志》卷三十三,福州:海风出版社,2000年,第519页。
② [唐]黄滔撰:《福州报恩定光多宝塔碑记》,《黄御史集》卷五,《影印文渊阁四库全书》第1084册,台北:台湾商务印书馆,1983年,第136页。

妙,驾以白马十乘,送以府僧,迎以郡僧,置兹之楼"①,这是王潮崇佛缮经的记载。除此之外,后唐同光元年(923),王审知在怀安太平寺,"又泥金银万余两,作金银字四藏经各五千四十八卷,旃檀为轴,玉饰诸末,宝鬃朱架,内龙脑其中,以灭蠹蟑"。② 应该说,此次的佛经缮修除了量大,还特别对佛经的保存作了精心的防虫防腐处理,用心之细,以呈事佛之至诚。

以上所列举桂琛在闽期间,王氏兄弟三次缮修佛教经典的情况,规模算是比较大的。 这些崇佛行为与建寺造像一起配套,共同营造出此时福建社会上下崇佛的浓厚宗教氛围和风气。

(三)度僧

度僧,是桂琛驻锡福建时期王氏政权崇佛行为中最主要的举措之一。 既然造作了众多的寺庙和佛像,以及缮修了大量的经典,就需要僧人进行管理和施用。 我们经过文献统计,在桂琛禅师入闽之后直到圆寂的那一年,王氏政权度僧的数量就已经达到了四万三千人(还不包括桂琛圆寂之后度僧和原有的在籍僧人数),这是一个惊人的数字。 有趣味的是,关于度僧是否有功德,王审知曾专门问过雪峰义存和玄沙师备二人,见《佛祖纲目》卷三十四云:

闽王王审知问义存师备曰:"朕今造寺修福,布施度僧,遏恶行善,此去还得成佛否?"曰:"未得成佛,但是有作之心,皆是轮回。"③

---

① [唐]黄滔撰:《泉州开元寺佛殿碑记》,《黄御史集》卷五,《影印文渊阁四库全书》第1084册,台北:台湾商务印书馆,1983年。
② [南宋]梁克家撰:《三山志》卷三十三,福州:海风出版社,2000年,第519页。
③ [明]朱时恩撰:《佛祖纲目》卷三十四,《万字续藏》第85册,第671页上。

由此可见，王审知本人对佛教的修养实际上是很低的，这和南朝梁武帝与菩提达摩之间的对话极其相似。① 也就是说，王审知和梁武帝问的实际上都是同一个问题，他们不了解佛法中最根本的理论之一就是去除我执。而且二人的问题中都涉及度僧是否可以获得功德的功利性因素。据文献记载，当王审知听到义存禅师说度僧造寺没有功德时，还是"颇有心契"，于是更加崇信佛教。

关于介绍审知当政时期对度僧的讨论，需要简略交代一下唐五代及之前度僧的基本官方程序。根据文献资料记载，僧人欲取得合法身份，需要政府给发度牒进行认证，度牒上面详细登记有僧人的本籍、俗名、年龄、所属寺院等，以便于政府对佛教僧人的管控。度牒就是出家人的合法身份证，也是获得僧籍的官方法律文件。关于度牒制度开始的时间和发放机构，丁福保在《佛学大辞典》中对"度牒"的解释说：

> 许出家之公验也，又云祠部牒，以从尚书省之祠部司出之故也。《编年通论》卷十六曰："天宝五载五月制，天下度僧尼，并令祠部给牒。今谓之祠部者，自是而始。"《唐会要》曰："天宝六载制，僧尼道士令祠部给牒。"《唐书·食货志》曰："安禄山反，杨国忠遣御史崔众至太原纳钱，度僧尼道士。旬日，得百万缗。明年，御史郑叔清与宰相裴冕又议度僧道收资。"按此是鬻度牒之始。②

---

① 参见《历代法宝记》卷一："达摩多罗闻二弟子汉地弘化无人信受，乃泛海而来至，梁武帝出城躬迎。升殿问曰：'和上从彼国将何教法来化众生？'达摩大师答：'不将一字教来。'帝又问：'朕造寺度人，写经铸像，有何功德？'大师答曰：'并无功德。'答曰：'此乃有为之善，非真功德。'"《大正藏》第 51 册，第 180 页下。

② 丁福保编：《佛学大辞典》，北京：文物出版社，1984 年，第 790 页。

根据上面的引文资料,我们知道僧牒(包括道牒)的颁发制度始于唐天宝五年(746),天宝六年开始实行。颁发的政府机构名称为祠部(唐朝时期管理宗教事务的机构)。也就是说,从此一时期起,政府开始对僧尼的数量进行登记在册和有效管制。① 隋唐早期及之前,由于僧人具有徭役赋税的豁免权,因此底层社会部分人为了躲避徭役赋税,则剃度为僧,使得寺院僧人数量大增。唐后期,政府看到了这样的需求,于是在国家财政吃紧时,就以贩卖度牒来筹措军资。上面文献中提到的"安禄山反,杨国忠遣御史崔众至太原纳钱,度僧尼道士。旬日,得百万缗。明年,御史郑叔清与宰相裴冕又议度僧道收资"的叙事就是为此。但是不管怎么说,度牒制度对于控制僧尼数量确实收效甚好。唐朝后期(特别是会昌法难之后),唐中央政府从总体上来讲对度僧的数量采取严格控制的策略,对发放度牒甚为谨慎。如后梁开平三年(909),桂琛禅师43岁时,福建节度使王审知奏舍钱造寺一所,请赐寺额,赐名大梁万岁之寺,乃许度僧四十九人。② 从文献里中原后梁皇帝的态度看,对度僧数量颇为克制,对赐名为"大梁万岁寺"的度僧名额也仅只批准了四十九人,相比较于审知御闽动辄度僧上千上万人而言,这样的数量确实很少。

另外,后梁贞明六年(920),是年桂琛禅师54岁,在这一年中原发生了佛教僧尼聚众起事的案件,《佛祖统纪》卷四十二载:

  (贞明)六年,陈州末尼聚众反,立母乙为天子,朝廷发兵擒母乙

---

① 关于度牒制度开始的时间,学术界尚有争论。据武后延载元年(694),僧尼即隶属祠部。另外,度牒的发放与登记僧尼的俗名、籍贯相关,南北朝时期已有僧籍,具体起于何年,没有文献记载。

② 参见《旧五代史》卷五,《王审知传》。

斩之。其徒以不茹荤饮酒,夜聚淫秽,昼魔王踞坐,佛为洗足,云佛是大乘,我法乃上上乘。其上不法有若此。龙德元年,敕天下毋得私度僧尼,愿出家者,入京城比试经业。①

贞明六年发生僧尼谋反的政治事件,次年即龙德元年(921),后梁政府"敕天下毋得私度僧尼,愿出家者,入京城比试经业"。这说明在此之前,私度僧尼的现象在后梁比较严重,②否则也不会着重强调这点,因为度僧可以聚敛钱财。即使如此,两年后,后梁亦被灭。

关于中原王朝对于度僧的谨慎还表现在,后唐同光二年(924),这一年桂琛禅师58岁,河南尹张全义奏"万寿节"于嵩山开琉璃戒坛度僧百人。③这样的区区百人,应该是很少的吧。后唐天成元年(926),是年桂琛禅师60岁,上命以前修盖寺院无令毁费,此后不得有建造。如愿在僧门,宜遵佛法格例,除官坛受戒外,不得私度。④同样是中原政府以不得私度僧尼而控制僧人数量的举措。

以上是我们简单梳理度牒制度与发放的情况,以及桂琛禅师入闽时中原王朝对度僧的谨慎与控制,相比较于王氏主政福建时期度僧的数量,就呈现天壤之别了。具体表现如下:

光化元年(898),王审知在福州干元寺开设戒坛,度僧两万人。⑤

---

① [北宋]志磐撰:《佛祖统纪》卷四十二,《大正藏》第49册,第391页上。
② 关于私度僧尼的现象,主要是发生在安史之乱后。唐大历十四年(779)代宗令"至今更不得凑置寺观及度人"(《旧唐书》卷十二《德宗本纪》),其后政治逐渐松弛,一些地方官吏以度人谋财利,如徐州节度使王智兴聚无厌,当敬中生日当月,于泗州置僧坛度人以图厚利,江淮百姓皆结队渡淮(《旧唐书》卷七百零六,《李德裕传》)。以上事件均发生在桂琛入闽时期。
③ 参见《册府元龟》卷五十二。
④ 参见《五代会要》卷十二。
⑤ [南宋]梁克家撰:《三山志》卷三十三,福州:海风出版社,2000年。

天复二年（902），王审知与开元寺开设戒坛，度僧三千人。①

天成三年（928），闽主延钧度民二万为僧。由是闽中多僧。②

永隆二年（940），王延义度僧一万一千人。③

从上面四条资料来看，提供了福建王氏伪滥度僧的有力证据。其中前两条发生在王审知主政福建时期，第三条发生在王延钧主政时期，这一年桂琛禅师正好圆寂。而最后一条则是桂琛圆寂十几年之后的事了。从王氏主政福建一直到亡国，福建所度僧人数量在当时居于全国之最，以至成为僧人走出福建最多的地区，所谓"髡其首而散之于他州者，闽居十九焉"④。产生这种情况的具体原因，在北宋至道元年（995）有文献解释说：

> 太宗览泉州僧籍，一岁末度者近四千余。语近臣曰："古者一夫耕三人食，尚有受其馁者，近世一夫耕殆至十人食者，黎民安得不困。东南风俗惰游，固非乐为清净，但慵耕种，避徭役耳。"⑤

应该说，上面所引文献是赵匡义对于五代福建泉州地区政府滥度僧人的事实，是如何侵蚀并影响到以农业为根基的封建社会政权而发表的真知灼见。文献中讨论的也仅是福建泉州度僧的情况，我们足以一管窥豹，福建在其他州的度僧数量可以想象与泉州应该是相似的。另外，根据徐晓望先生结合当时人口研究而发表了他的见解："据北宋大中祥符五年（1012）统计，宋初全国共有僧人四十万左右，其中福建路

---

① [南宋]梁克家撰：《三山志》卷三十三，福州：海风出版社，2000年。
② [元]觉岸编：《释氏稽古略》卷三，《大正藏》第49册，第850页中。
③ [清]吴任臣撰：《十国春秋》卷九十二，北京：北京科学技术出版社，1983年。
④ [清]徐景熹撰：《福州府志》卷二十四，《风俗》，第2页。
⑤ [北宋]王象之撰：《舆地纪胜》卷一二四，转引自泉州志编纂委员会办公室、泉州市地名学研究会合编《泉州方舆辑要》，1985年，第57页。

僧人就有七万一千余人，占全国总数六分之一强。形成鲜明对照的是，当时福建人口仅为全国的十五分之一，福建僧人的密度显然居全国第一。自宋太宗览阅泉州僧籍后，便对福建路度僧数量做出限制。然而，福建路僧人犹然达到此数，显然，福建僧人之多，是在五代时期就打下基础的。"①很明显，造成这种情况，是与当初王审知主政福建时期的崇佛行为密切相关，前面列举的数据已然说明了一切。

从上面的论述可以看出，桂琛禅师入闽后的三十多年间，王氏政权进行了大量度僧，最多的一次就达到两万人以上。这与当时福建社会崇佛的风气密切相关，此时的桂琛正是置身于这样的崇佛氛围之中。

三、僧俗之间的互化交往

僧俗之间的互化交往，在桂琛禅师入闽时期表现得比较突出，主要体现在：首先是王室贵族、官僚与高僧之间的互化与往来，其次是文人与高僧之间的互动交流，其他的则是底层社会普通百姓对高僧的顶礼膜拜了。其中士（文人）僧群体之间的互化交往最为典型，尤其是桂琛禅师在入闽期间，他的传法是与王氏政权的两个主要官僚紧密联系在一起的，并受到他们的延请。在下面的这一小节中，我们将逐一梳理和讨论这些僧俗之间的互动关系。

（一）贵族官僚与僧人之间的交往

桂琛驻闽时期，王室贵族与禅僧之间的关系比较复杂，涉及的因素

---

① 徐晓望著：《闽国史》，台北：五南图书出版社，1997年，第326页。

也比较多。既有单纯探讨佛理、宗教等问题的，也有涉及一些政治问题的。除桂琛之外，这一时期的福建高僧辈出，如雪峰义存、玄沙师备、长庆慧棱、鼓山神晏、安国慧球、保福从展等等，他们或多或少都与王氏权贵有着密切往来。这些高僧除了受到王氏贵族、官僚的礼敬外，很多高僧甚至在圆寂后也获得王室的亲加礼视，诸如追封谥号等。

开平二年（908），雪峰义存禅师圆寂，文献载王审知"命养子刑部尚书延禀陈祭，为设斋焉"。① 由此可见，雪峰义存受到王审知的礼遇之高。同时，前面文献亦曾提到，在雪峰和玄沙生前，王审知曾向二人咨询佛法，垂问造寺度僧是否可以获得功德等等，前文已有交代。我们认为，王审知以执弟子之礼参询佛法，是礼敬高僧的一种具体体现。

另一则资料涉及王室礼敬高僧长庆慧棱的文献，《佛祖纲目》卷三十四云：

> 慧棱，住招庆。开平三年（909），闽王王审知移住福州长庆。审知夫人崔氏，自称练师，遣使送衣物至曰："练师令就大师请回信。"曰："传语练师，领取回信。"须臾使却来，棱前唱"喏"，便回。棱明日入府，练师曰："昨日谢大师回信。"曰："却请昨日回信看。"练师展两手。王问练师："适来呈信，还惬大师意否？"曰："犹较些子。"曰："未审大师意旨如何？"棱良久。王曰："大师佛法不可思议。"②

从上面的文献资料看，朱时恩的记载明显有误，崔氏应该是王审知长子王延翰的夫人，文献中提到的王则是王延翰无疑，可能是朱时恩或

---

① ［清］吴任臣撰：《十国春秋》卷九十九，北京：北京科学技术出版社，1983年，第1415页。
② ［明］朱时恩撰：《佛祖纲目》卷三十四，《万字续藏》第85册，第673页中。

后人在抄录中漏掉了"审知"后面的"之子",特此勘误。从文献中可见,慧棱与王延翰夫人崔氏交流密切,他们之间通过书信交往来,讨论佛法。在文中交代的慧棱与崔氏的禅法切磋中,闽主王延翰亦参与了进来。可以想象,当时慧棱在禅僧中的地位是很高的。关于慧棱的生平,《宋高僧传》卷十三介绍他是"杭州海盐人也,俗姓孙氏……如是亲依不下峰顶计三十许载,冥循定业谨摄矜庄。泉州刺史王延彬,召棱住昭庆院禅,子委输唯虞后至。及于长乐府,居长庆院,二十余年出世不减,一千五百众。棱性地慈忍,不妄许人,能反三隅方加印可,以长兴三年(932)壬辰五月十七日长往,春秋七十九,僧腊六十。闽国王氏私谥之大师号超觉,塔葬皆出官供"。① 从慧棱禅师的生平资料看,他受王氏贵族成员之一泉州刺史王延彬的邀请,驻锡昭庆禅院。后来迁居常驻长庆院传法,徒众达到一千五百人的规模,应该说他的道场是很大的。在其圆寂后亦受到王氏贵族的谥号和造塔供养,可见他在王氏贵族心目中的地位之高。

另一个著名的玄沙师备弟子慧球禅师(桂琛的同学),借助玄沙师备的推荐,受到王审知的青睐,同在《佛祖纲目》卷三十四有载:

慧球,莆田人,玄沙室中参讯居首。因问:"如何是第一月?"沙曰:"用汝个月作么。"球从此悟入。沙将示灭,闽帅王公遣子至问疾,仍请密示继踵说法者谁。沙曰:"球子得。"王默记遗旨,乃问:"鼓山卧龙法席,孰当其任?"山举城下宿德具道眼者十有二人,皆堪出世,王亦默之。至开堂日,官僚与僧侣俱会法筵,王忽问众曰:"谁是球上

---

① [北宋]赞宁撰:《宋高僧传》卷十三,《大正藏》第50册,第787页上。

座?"于是众人指出。王便请球,住安国禅院(亦曰中塔)上堂。①

在上面的文献中,当王审知向玄沙师备咨询在他的弟子中谁能继承他的法统时,他直接推荐了慧球禅师。于是慧球得到王审知的认可,最后被认定为安国禅院的接班人,续玄沙师备继续说法。众所周知,玄沙师备的第一法嗣弟子是桂琛禅师,为什么这里玄沙师备没有提到桂琛禅师呢,这是个非常耐人寻味的地方,我们将在后面的章节中的着重说明这个问题,此处按下不表。

雪峰义存的法嗣弟子鼓山神宴大师也受到王审知的礼敬,比如上面《佛祖纲目》卷三十四所列举的文献中,审知在遣子问过玄沙后续法席主持人之后,又接着问鼓山神宴"鼓山卧龙法席,孰当其任"的意见,鼓山神宴以"举城下宿德具道眼者十有二人,皆堪出世"之语回答,亦得到审知的认可。另《宗统编年》卷十七载:"宴,大梁李氏子……后赴闽王请,峰门送,回至法堂,乃曰:'一只圣箭,直射九重城里去也。'"②神宴禅师受王审知请,雪峰亲自出门送,并给出很高评价。由上面所举二事可见,王审知与鼓山神宴之间的交往已经很深了。

雪峰义存的另一弟子保福院从展,则受到桂琛驻闽时期漳州刺史的特别礼敬,《五灯会元》卷七云:

> 梁贞明四年(918),漳州刺史王公创保福禅苑,迎请居之。开堂日,王公礼跪三请,躬自扶掖升堂。③

从文献可以看出,漳州刺史王公对保福从展的礼敬竟然做到"礼跪

---

① [明]朱时恩撰:《佛祖纲目》卷三十四,《万字续藏》第85册,第673页中。
② [清]纪荫编纂:《宗统编年》卷十七,《万字续藏》第86册,第191页中。
③ [南宋]普济集:《五灯会元》卷七,《万字续藏》第80册,第154页上。

三请，躬自扶掖升堂"的地步，这种行为对于世俗权贵的礼佛态度是非常罕见的。需要明确指出的是，此处的漳州刺史王公很可能指的是王潮之子王延虹，他实际上是在贞明二年（916）就创建了保福寺。①

桂琛禅师入闽后的传法，同样与这些权贵分不开。《宋高僧传》卷十三记载："（桂琛）遂为故漳牧太原王公②诚请，于闽城西石山建莲宫而止，驻锡一纪有半，来往二百众。琛以秘重妙法罔轻示徒，有密学恳求者时为开演。后龙溪为军倅勤州太保琅琊公志请，于罗汉院为众宣法。讳让不获，遂开方便。"③桂琛禅师传法生涯中两个主要道场的宣法分别来自贵族王公和地方官僚的延请，体现了桂琛禅师与这些王公贵族官僚之间互动交往的事实。

以上所列举的王氏贵族、官僚与僧人的交往，更多的是体现在参询佛法、建立道场等较单纯的事相方面，下面的僧俗交接则带有浓厚的政治色彩了。诸如《十国春秋》卷九十载：

  贞明六年（920）冬十一月，诛僧浩源及其党。先是王承制加从子泉州刺史延彬领平卢节度使，延彬治泉十七年，吏民安之。会得白鹿

---

① 根据《中华古塔通览·福建卷·漳州》，南山寺大雄宝殿前的两座石塔，原立于芝山东麓的净众寺山门前，梁贞明二年（916）刺史王延虹建，初名保福寺，为祝圣道场。宋末毁于战火，元至正间重修，后并入净众寺，名为万寿保福净众禅寺。我们以为，这里提到的漳州刺史王延虹，实际上就是王潮第二子"王延虹"的笔误。而在《漳州古代编年史》中明确说："贞明二年（916年）漳州刺史王延虹在登高山麓创保福禅院，又称净众院。金碧辉煌，是当时规模最大的寺庙。"参见《漳州古代编年史》（上），http://glzi.blog.163.com/blog/static/67614716201033095525942. 因此，上面《五灯会元》卷七中提到的漳州刺史王公于贞明四年创保福禅院有误。至于王延虹，在《十国春秋》载："延兴，太祖伯兄司空（王潮）子。延兴有弟延虹、延丰、延休、司空皆念之，而让太祖知军事。"很明显，王延虹为王潮第二子。（[清]吴任臣撰，徐敏霞、周莹点校：《十国春秋》卷九十四，北京：中华书局，1983年，第1366页。）

② 此处的"故漳牧太原王公"，应该指的就是上文中提到的贞明二年（916）创建保福禅院的王潮第二子王延虹。

③ [北宋]赞宁撰：《宋高僧传》卷十三，《大正藏》第50册，第786页中。

及紫芝,僧浩源以为王者之符,由是延彬骄纵,与浩源通谋,遣使浮海贡于梁,求为泉州节度使。事觉,浩源等获罪,黜延彬归私第。①

在此一事件中,僧人浩源涉及政治谋反,属于典型的僧人干政事例,为此而付出了生命的代价。关于桂琛禅师入闽后僧人干政的事例不多,我们仅举此一例以作论述。至于后来闽国天德三年(945)年福州之乱,李仁达推举僧人卓岩明为帝的政治事件②,那已经是桂琛禅师圆寂十八年后的事了。但同时亦说明当时僧人干政的事实。

另一方面,桂琛禅师入闽后,中原朝廷帝王则偶尔会延请高僧入内殿讲法,兹举两例:

> 同光二年(924)(桂琛禅师是年 58 岁),召兴化寺存奖禅师(义玄弟子)入内殿问法,庄宗执弟子礼以事之。③

> 天成元年(926)(桂琛禅师是年 60 岁),诞节(后唐明宗)命僧录云辩与道士入内殿谈论。④

从上面两条资料可以足以说明,五代十国时期,高僧的地位实际上是很突出的,王室和高僧之间的交往关系说明了此时的个别禅僧并非远离庙堂,清隐山林,而是比较积极的配合并参与世俗事务。至于是讨

---

① [清]吴任臣撰:《十国春秋》卷九十,北京:北京科学技术出版社,1983年。
② [清]吴任臣撰:《十国春秋》卷九十八,北京:北京科学技术出版社,1983年,第1410～1411页。《十国春秋》卷九十八《卓岩明传》载:"卓岩明,莆田人也。本名偓,已而落发神光寺为僧,改名体明。福州之乱,李仁达未敢遽自立,以体明素为众推重,乃诈言体明在神光寺常寐中有赤蛇出入其鼻,异人也。又言其目重瞳子,手垂过膝,真天子相。遂与陈继殉、黄仁讽等共立为帝,因更名曰岩明。随解衲衣,被以衮冕,将吏伏地拜之,时天德三年己亥也。岩明称天福十年,遣使称藩于晋。天德帝闻之,遣统军张汉真将兵致讨。岩明无他方略,但作法殿上,噗水撒豆,以召鬼兵为辞。复迎其父于莆田,如何尊为太上皇。五月丁巳,仁达大阅战士,请岩明临视,阴令军士突前登阶刺杀岩明,遂据有岩明之坐。"
③ [北宋]道原撰:《景德传灯录》卷十二,《大正藏》第51册,第295页中。
④ [南宋]志磐撰:《佛祖统纪》卷四十二,《大正藏》第49册,第391页中。

论佛理还是政治事务的参询，我们以为应该都有所涉及的吧。这样的例子很多，此处仅举此两例。

(二)士僧群体的交往与互化

唐末五代时期，禅宗几乎独树一帜，空前繁荣，特别是在王氏政权割据的福建，更是高僧云集，禅僧数量也是居全国之首。这一时期的福建社会，在王氏贵族倡佛运动的推动下，士僧群体之间的往来互化已成常态。这种常态具体体现在：士人的佛化、禅化，僧人的文人化、诗化。士人参禅、禅僧吟诗作画成为社会的风尚。这一时期，士僧之间的互动往来频繁，这里的士，主要指的是以儒试科举为业，并在社会崇佛风气的影响下参佛辩禅，或诗文，或行脚游历，具有浓厚的禅味性质。一方面，一些科举或仕途失意的文人以禅宗自解愁闷；另一方面，一些禅僧则以诗文名于世。因此，士僧之间的交往成为这一时期僧俗互化的一大时代特色。关于阐述文人士大夫与僧侣往来的现象正如柳宗元所说：

> 昔之桑门上首，好于贤士大夫游。晋宋以来，有道林、道安、远法师、休上人，其所与游，则谢安石、王逸少、习凿齿、谢灵运、鲍照之徒，皆时之选。①

上面引文中柳宗元追溯了桑门(僧道)与士人交往的传统。也就是说，士僧的交往不仅仅只局限在桂琛禅师所处的时代，而是一直贯穿到桂琛禅师居闽时期。正如现代学人总结的那样，"僧俗交往的历史积淀，再加上消解失意的苦闷，追求超脱尘累的愿望等各种各样的亲佛友

---

① [唐]柳宗元著：《柳宗元集》卷二十五，北京：中华书局，2001年。

僧原因,唐代,尤其是唐末五代,僧俗交往甚为密切。值得注意的是,在这批和僧徒交往的人群中,其主体是以饱学之士为核心的知识阶层……他们通过与寺院高僧的广泛郊游,或吟诗属文、品茶饮酒,或谈玄说空,发明义理,不断推进儒、释两家哲学理论和思想学说的交流、融合,并推动佛学的发展,加速僧侣的世俗化和禅宗的中国化进程"。① 也就是说,在历史上,与僧人交往的群体中主要还是士人知识分子占主流。

桂琛时期士人与僧人的交往与互化的一个重要表征,就是大量酬答诗、题壁诗等主题诗文的创作。从这些酬答诗的创作分析,可以看出士僧之间的频繁交往,从大量题壁诗可以看出这些文人经常光顾寺院的事实。如在王审知时期汇聚到他治下的文人徐寅(849—921)②诗作《寄僧寓题》、《题僧壁》、《寺中偶题》、《题福州天王寺》,刘乙(生卒年不详)诗作《题建造寺》,黄滔(840—911)诗作《送僧归北岩寺》、《题东林寺元祐上人院》、《送僧》,郑良士(856—930)诗作《寄富洋院禅者》,王继勋(生卒年不详)诗作《赠和龙妙空禅师》,韩偓③(844—923)诗作《寄禅师》,《寄僧》等等。从以上这些酬答或赠诗

---

① 王秀林:《晚唐五代诗僧群体研究》,复旦大学博士学位论文,2003年,第32页。
② 关于徐寅的生卒年,学术界颇多争议。许更生先生在《徐寅生卒考略及拂衣归隐问题》中认为徐寅生于865年,卒于约938年(参见许更生:《徐寅生卒考略及拂衣归隐问题》,《霞光菊影》,福州:福建教育出版社,2005年,第266~274页)。近年青年学人林毓莎根据《延寿徐氏族谱》(清乾隆二十七年仙溪徐氏祠堂刊本,福建师范大学图书馆藏;清乾隆二十六年仙溪祠抄本,福建省图书馆藏)卷二《唐状元秘书省正字公传》所记徐寅"卒年七十有三,梁末帝龙德元年七月二十三日寿终正寝"推断,徐寅当生于公元849年,卒于公元921(龙德元年)。鉴于族谱有直接的卒年时间记载,我们采纳后者。参见林毓莎:《徐寅名号及生卒年考辨》,《莆田学院学报》2011年第4期,第97~100页。
③ 韩偓,京兆人,唐龙纪元年进士,为唐昭宗的得力助手,受到朱全忠的猜忌。昭宗遇刺后,不得不举家迁入闽依王审知。

分析，可以得知世俗文人和僧人之间的交往事实。以上这些文人因厌于中原政治（如韩偓），或因科举、仕途失意（如徐寅），于是依附在王审知治下偏安的福建。这在当时是这些士人理想的栖身之地。

在文人禅化、佛化方面，我们以徐寅为例，他的诗作通过在与禅僧的交往中，充满禅味和佛教因素，如他的其中一首回文诗：

轻帆数点千峰碧，水接云山四望遥。

晴日海霞红霭霭，晓天江树绿迢迢。

清波石眼泉当槛，小径松门寺对桥。

明月钓舟渔浦远，倾山雪浪暗随潮。①

这首诗是徐寅精心创作的一首作品，是他两首回文诗中的其中之一。徐寅，字昭梦，莆田（今福建莆田县）人，乾宁进士及第，授秘书省正字。后归闽，王审知辟为掌书记。后唐庄宗即位，因徐寅曾讥刺其父，命审知杀之。审知惧而不敢复用，寅遂归隐寿溪。②在上面的引诗中，徐寅描写的是福建临海景象：轻帆、水接云山、海霞、清波、渔浦、倾山雪浪等画面。这首诗很可能是徐寅在追随泉州刺史王审知侄子王延彬（886—930）时期根据沿海景色而吟写的诗作。诗文中还出现了小径、松树、寺庙和桥，使得整首诗充满浓浓的禅味，体现了禅宗的空寂之境。这首诗无论是顺读还是倒读都很有意境，是一首非常精致的回文诗。如果说上面充满禅味的话，他的另一首写给他妻子的诗作《赠月君》就更充满了佛教的情感和浓烈的世俗意味，诗云："出

---

① 王筱云编：《中国古典文学名著分类集成》，《诗歌卷》第三册，天津：《百花文艺出版社》，1994年，第890页。

② 参见［北宋］陶岳撰：《五代补史》，《影印文渊阁四库全书》第1084册，台北：台湾商务印书馆，1983年，第657页。

水莲花比性灵,三生尘梦一时醒。 神传尊胜陀罗咒,佛授金刚般若经。 懿德好书添女诫,素容堪画上银屏。 鸣梭轧轧纤纤手,窗户光流织女星。"①徐寅作为一个靠科举仕途进身的儒生,也就是传统意义上的士人,在这首诗作中融合了佛教、儒教与民间信仰等宗教思想。 佛教因素出现了莲花、三生、尊胜陀罗尼佛、《般若金刚经》等佛教符号,儒教因素如规范女性的懿德、女诫等,民间信仰中的牛郎织女传说等等元素。 而诗中的女性主角正在纺线织布,徐寅把宗教情感倾注到世俗生活,是当时部分文人复杂情感的体现。 我们推测,以上两首诗很可能是徐寅退隐山林时期的作品。 唐末五代时期的福建文人,在浓厚的佛教氛围中,很容易被当时发展得如火如荼的禅宗思想所吸引,这是再自然不过的事实。

此外,另一个上面提到的几乎与桂琛禅师同时代的文人黄滔在《题东林寺元祐上人院》同样表现了诗人与禅僧的交往、禅化,诗云:"庐阜东林寺,良游耻未曾。 半生随计吏,一日对禅僧。 泉远携茶看,峰高结伴登。 迷津出门是,子细问三乘。"②诗中从世俗生计到与禅僧结伴登庐山东林寺,并且向禅僧寻解屇困惑(迷津),参问佛理(三乘)等事相。 黄滔的另外一首诗《上刑部卢员外》:"谁识在官意,开门树色间。 寻幽频宿寺,乞假拟归山。 半白侵吟鬓,微红见药颜。 不知琴月夜,几客得同闲。"③这首寄宿寺庙的诗,体现了黄滔寻幽觅闲的

---

① [唐]徐寅著:《徐正子诗赋》,《影印文渊阁四库全书》第 1084 册,台北:台湾商务印书馆,1983 年,第 326 页。
② [唐]黄滔撰:《黄御史集》卷五,《影印文渊阁四库全书》第 1084 册,台北:台湾商务印书馆,1983 年,第 110 页。
③ [唐]黄滔撰:《黄御史集》卷五,《影印文渊阁四库全书》第 1084 册,台北:台湾商务印书馆,1983 年,第 108 页。

禅化生活。

从上面的论述可知，我们很难发现徐寅、黄滔与罗汉桂琛禅师有什么关系，实际上他们在生活中因为没有文献记载，难以判断他们之间是否有交集，但是有一点需要肯定的是，他们三人几乎是生活在同一时代，并且都活动于当时王审知家族治下的福州。从徐寅的诗作看，除了儒学，他诗中也流露出禅宗、密宗因素，可以发现他有着相当的佛学造诣。而此一时期的桂琛禅师，正醉心于禅学修习，他们实际上都是同处于浓厚的佛教氛围之中。有大量的文献证明，王审知统治福建的这一时期，闽中的文人和禅僧多有交流。对于士人而言，文人参禅（就是所谓的士大夫禅）成为社会时尚，而禅宗正是迎合了当时社会上文人的品味。

另外一个更早的文人裴休在与僧侣的交往中体现出禅化与佛化的事实，也很典型。唐咸通十一年（870），时桂琛禅师4岁，裴休卒。休家世奉佛，休尤深于释典，常与义学僧讲求佛理，曾问法于黄檗希运，执弟子礼（《景德传灯录》即列休为黄檗法嗣）。曾集《黄檗语要》，亲为序，冠于编首。与圭峰宗密交好，为其《禅源诸诠》《原人论》、《圆觉经疏》及《注法界观》诸书作序。宗密卒后，又为撰碑铭，曾亲书《大藏经》五百函号，并撰有《发菩提心愿文》行世。中年后不食荤血，香炉贝典，不离斋中，咏歌赞呗以为法乐。卢肇称裴休"为唐硕臣，作佛大士"，并谓"所至之邦，必兴修净行"。① 由此可见，裴休

---

① 参见《旧唐书》卷一七七，《裴休传》；《景德传灯录》卷十二。《北梦琐言》卷六记：裴休常披毳衲于歌妓院行乞，自言不为俗情所染。又每自发愿，愿世世为国王，弘护佛法。《南部新书》癸记裴事与上略同。

与禅僧的交往非常密切，其行事的佛化也非常彻底。

而禅僧的文人化，则体现在与知名士人的交往，同时也可提高他们在世俗社会的地位和声名，相互益彰，我们以当时福建以外的著名诗僧贯休为例：

后唐乾化三年（913），桂琛禅师47岁，贯休禅师圆寂。休能歌诗，又善画，长于水墨，游江右，历湖南，唐乾宁三年（896）遇内翰吴融，往来论道论诗。融为休诗作序，谓"其语往往得景物于混茫自然之际，然其旨归，必合于道。太白、白乐天既没，可嗣其美者，非上人而谁"！后入蜀，值王氏僭号，延四方闲士，休至甚喜，礼遇甚厚，封司空太仆寺卿，号禅月大师，食邑八千户。休卒，弟子昙域集其诗约千首，号《禅月集》。① 贯休是典型的文人化禅僧。

除了以上所述外，还有的文人由于醉心于参禅，而直接遁入空门，这种情况在五代时期无论是世俗文献还是藏内文献都有记载，这是士人僧化最极端的例子了，如《十国春秋》卷九十七载："萧孔冲，建安人。登同光进士第，不乐仕进，入连江县之兑峰，剪发为头陀。志行坚苦，能伏虎豹。既殁，邑人祀之。"②这就是典型的不喜仕途而好禅门的例子了，是士人僧化的一个较突出例子。

以上关于唐末五代士僧互化和交往的论述，我们主要列举了王审知时期的一些士僧之间的交往和互化，以及桂琛禅师生活时代的贯休禅师和居士裴休两个典型的例子。关于士僧交往与互化的其他例子不胜枚

---

① [北宋]赞宁撰：《宋高僧传》卷三十，《大正藏》第50册，第897页上。
② [清]吴任臣撰：《十国春秋》卷九十七，《萧孔冲传》，北京：北京科学技术出版社，1983年，第1393页。

举，就此略过。我们只是想通过士僧之间的互化与交往来揭示桂琛禅师生活时代所呈现的社会风气。

四、佛教诸宗派并存

桂琛禅师入闽后到圆寂的这段时间，佛教宗派环境除禅宗一枝独秀以外，尚还有其他宗派存在，如律宗、华严宗、唯识宗、净土宗，以及密宗。其中禅宗当中的宗派主要以青原一系下的雪峰僧团为主，其他宗派如沩仰宗、曹洞宗也有在这一时期的传法活动记载，下面逐一表述。

（一）禅宗

禅宗在桂琛禅师锡闽期间最为兴盛，可以说即使在全国也是领先于其他地方。在这一时期，南宗中沩仰宗、曹洞宗二宗在闽中也有法席传承。但在这些宗派中，以青原一系下第五代法嗣雪峰义存的道场规模最为庞大。

1. 雪峰一支在福建的传法

雪峰义存（822—908），生于泉州南安县曾氏，可以说是福建本土出生的高僧。7岁欲出家，双亲不许，12岁成为福建莆田雨润寺童侍（童行①）。17岁落发，谒芙蓉山恒照大师，悟道后行化四十余年，创

---

① 这里的童行实际上指的是童侍，[日]无著道忠撰《禅林象器起笺》"童行"词条云："童行，投佛寺未得度者，即少年行者也。"《释氏要览》云："《智度论》云：'梵语鸠摩罗迦，秦言童子。'"等等。关于中国古代童行制度的讨论，详细参见湛如：《汉地佛教度僧制度辨析——以唐五代的童行为中心》，《法音》1998年第12期，第5～13页。

雪峰山道场。① 他的法嗣几乎遍及全国。根据《景德传灯录》卷十八载，雪峰义存法嗣十四人（传均见录）；②《景德传灯录》卷十九载，雪峰义存法嗣四十二人，其中三十一人传见录，十一人因无机缘语句传不录，③总计法嗣一共有五十六人。在这五十六人中，其中在福州传法的有十二人，漳州传法的有四人，泉州传法的有三人。也就是说，雪峰义存在福建境内传法的就有十九人，而这些在福建传法的禅师大多是处在桂琛驻闽时期。在这些法嗣禅僧当中，比较著名的如前面提到的玄沙师备是排位在第一的法嗣传承人，以及包括长庆慧棱、鼓山神宴、保福从展等其他著名禅僧。这些人都不同程度受到王氏贵族的崇高礼遇，我们在前面已经作了论述。

2. 曹洞宗在福建泉州的传法

在这一时期，青原一系的另一支曹洞宗亦有在福建活动。曹洞宗的创宗者曹山本寂（840—901）在桂琛禅师35岁时圆寂，当时桂琛禅师还在福州参学。曹山本寂还撰写了著作《洞山五位诀》、《曹山语录》，并提出了"五位君臣"说的禅学理论。需要指出的是，他的法嗣弟子行传禅师则在泉州庐山小溪院传法。《景德传灯录》卷二十有传载：

> 泉州庐山小溪院行传禅师，青原人也，姓周氏。本州石钟院出

---

① ［北宋］赞宁撰：《宋高僧传》卷十二，《大正藏》第50册，第781～782页。
② ［北宋］道原纂：《景德传灯录》卷十八，《大正藏》第51册。
③ ［北宋］道原纂：《景德传灯录》卷十九，《大正藏》第51册。

家,福州太平寺①受戒,自曹山印可而居小溪。僧问:"久向庐山石门,为什么入不得?"师曰:"钝汉。"曰:"忽逢猛利者还许也无。"师曰:"吃茶去。"②

很显然,行传禅师在福州受戒后,然后云游至江西曹山本寂处参学得悟,成为本寂的法嗣弟子,然后返回福建泉州庐山小溪院传法。这是曹洞宗在福建传法的例子。

3. 沩仰宗在福建的传法

关于沩仰宗在福建传法的记载,在《景德传灯录》卷十二有列南岳五世袁州仰山慧寂禅师(807—883)③的两个法嗣弟子分别是福州东禅慧茂大师、福州明月山道崇大师。④ 由于二人没有机缘语句流传,故没有立传。根据二人的传法地点,福州东禅寺是有史可考的,而福州明月山则在文献中没有发现。可以推测,在慧寂禅师圆寂后,他们二人在桂琛禅师入闽后应该还在福州传法。

以上是我们简略的梳理了南禅宗派中青原一系雪峰僧团、曹洞宗,南岳一系沩仰宗在福建桂琛禅师入闽期间的大致传法事实。可以看出,在这期间,主要是以雪峰义存及其法嗣弟子扮演了主要的角色。

(二)律宗

前面行文中已提到,在王审知时期大量度僧的事实。首先度僧需

---

① 按:据《三山志》卷三十三《寺观类一·僧寺》记载:"怀安太平寺,州东本开元寺地。后唐同光元年(923),闽忠懿王柝建。"王荣同先生认为文献中太平寺建寺时间有误,理由是如果行传在同光元年太平寺受戒,此时曹山本寂已经圆寂二十多年了。参见王荣国著:《福建佛教史》,厦门:厦门大学出版社,1997年,第192页。我们认同此看法。
② [北宋]道原纂:《景德传灯录》卷二十,《大正藏》第51册,第365页上。
③ [北宋]道原纂:《景德传灯录》卷十一,《大正藏》第51册,第282页中。
④ [北宋]道原纂:《景德传灯录》卷十二,《大正藏》第51册,第289页中。

要建立戒坛，而度僧的戒坛仪轨一般都是律僧施行。因此，桂琛入闽后的福建律宗的存在是不争的事实。律宗主要是指修习和传承佛教典籍《十诵律》、《四分律》、《摩诃僧祇律》等典籍的律僧僧团。

唐末，著名的泉州开元寺和尚弘则，"传总律师四分"，泉州刺史王审邽"以师秉戒檀事度僧。天祐二年（905），王延彬为创院居之，名曰建法。使受毗尼，学者咸会，众肃以和"。[①]与弘则同时的律师还有叔端，叔端俗姓陈，曾在龙华寺向律宗大师维贤学习。晚年隐居泉州山中十年，泉州刺史王延彬请他出山，为他建造清凉精舍。叔端持律严谨，著书多卷。[②]以上大致是律宗在桂琛禅师锡闽时期弘律的情况。

（三）华严宗

华严宗是初中唐时期受到武则天重视的一个宗派，期间非常流行。在桂琛居闽时期的福建没有直接的证据证明华严宗传法的存在，但是间接的文献还是有的。据晚唐文学家黄滔《华严寺开山始祖碑铭》载：

> 师法号行标，俗姓方。祖荣父安，莆之盛族也。师生于建中二年辛酉……大中六年（师年七十二），师以环足之烦，拥旅之数，乞归故山。先时玉涧这北岩，泉石之奇也。卜而居之，县令中山甄宿与莆之士庶，争沐醍醐，共隆兰若。烟峦蔽亏，朱碧掩映。前俯平川，后峙奔峤。地自人胜，名由道高。刺史河东薛公仰其孤风，复驰开元之僧，

---

① 参见《泉州开元寺志》，《开士志》，第20页。转引自徐晓望著：《闽国史》，台北：五南图书出版社，1997年，第328页。

② 参见《泉州开元寺志》，《开士志》，第24页。转引自徐晓望著：《闽国史》，台北：五南图书出版社，1997年，第328页。

卫以入郡。日扣华严大义,几忘食寝。洎解印,与之偕至北岩,题之为华严院,以彻祠部焉。师咸通六年七月五日示灭,寿八十有五,僧夏六十有四……十一年,其徒从绍疏师行实于阙,升其院为华严寺。有徒三十人,皆肃肃可观,不忝师门。①

引文中的行标法师生于建中二年(781),圆寂于咸通六年(865),在福建莆田华严院传法。我们知道,桂琛禅师在行标法师圆寂后两年才出生。但是他有三十个徒弟,据说个个良好,"皆肃肃可观,不忝师门"。即使他们在莆田传法三十年,这也不能证明他们在桂琛禅师入闽后还在传华严宗法。但是,行标法师的三十几个徒弟在福建的传法,不可能在短短三十年左右就在福建销声匿迹,继续传承华严法的可能性是非常大的。下面一条材料足以证明桂琛禅师入闽后华严宗的存在,《闽中金石略》记载福州乌石山有僧题铭:"华严院,住持主沙门神致看经石室,时长兴二载季夏十九日故题。"②这条题名的时间是后唐长兴二年(931),桂琛禅师刚圆寂仅三年,至少说明在桂琛禅师驻闽期间,华严宗是的确存在的。

另据徐晓望先生考察,华严宗在会昌法难间受到毁灭性打击,经典被毁。五代期间,高丽人将此宗经典带回中土,华严宗在此复兴。但是华严宗具体什么时候再次进入福建没有文献可考。③

根据以上资料,足以说明在桂琛驻闽期间,华严宗在福建传法是存在的,只不过相比于禅宗而言,声势太过于微弱罢了。

---

① [唐]黄滔录:《华严寺开山始祖碑铭》,《全唐文》卷八百二十六。
② [清]陈棨仁纂:《闽中金石略》卷二,《神致乌石山题名》。转引自王荣国著:《福建佛教史》,厦门:厦门大学出版社,1997年,第201页。
③ 徐晓望著:《闽国史》,台北:五南图书出版社,1997年,第329页。

(四)唯识宗

唯识宗,又称法相宗,是初唐玄奘从印度传回来的最具印度本土特色的佛教宗派,其主要依据的经典是玄奘翻译的《成唯识论》、《瑜伽师地论》。根据王荣国先生对文献的整理发现,唐代泉州僧人不乏唯识学研究者,泉州开元寺僧叔端就是一位长于唯识之学的僧人。后道昭从叔端学"上生、惟识,悉臻其奥",道昭对《成唯识论》也很有研究,"号惟识大师",注"《成唯识论》凡八十卷"[1]。而叔端法师前文已经提到,以学律著称,并兼习唯识。叔端正是在桂琛禅师驻闽期间传法的人物。

另外,桂琛禅师自己也研究并参学唯识。如《释氏稽古略》卷三载,清凉文益禅师在地藏院初次与桂琛禅师禅机对话,桂琛问:"上座学解说三界唯心万法唯识。"桂琛于是指着石阶前面的石头问:"此石在心内在心外?"[2]可见,桂琛禅师对唯识学也是有研究的。

(五)天台宗

这一时期,天台宗亦有在福建零星传法。据《泉州开元寺志》载,王延彬在泉州开元寺创新法华院,"居法师省权,以权善《法华》,故名"。[3] 故而可知,桂琛禅师驻闽期间有天台宗的传法活动存在。

(六)净土宗

净土宗是自唐以来在中土非常盛行的一个宗派,主张每日以念阿弥

---

[1] 参见王荣国:《福建佛教在中国佛教史上的地位与作用》,《福建宗教》2000年第2期。
[2] [元]觉岸撰:《释氏稽古略》卷三,《大正藏》第49册,第854页上。
[3] [清]元贤:《泉州开元寺志》,《开士志·释道昭》。

陀佛号万遍，坚持不懈即可成佛。由于修持方便，无须念诵繁缛的经文，此宗在桂琛入闽之初已在福建泉州开元寺传播。据徐晓望先生研究，泉州开元寺有一条"净土巷"，并有一座"净土外白衣院"，"唐天复间（901—903），讲僧楚勤居是院。孙居锐、秘亨，具善讲说"。①此是桂琛在福建时期净土传法之痕迹。

（七）密宗

密宗是唐朝玄宗时期开元三大士善无畏、金刚智、不空等三人传法形成的一个宗派，以诵咒、建曼荼罗、作法为核心的修持内容。在前文中，我们曾提到的福建文人徐寅为妻所作的《赠月君》，诗句"神传尊胜陀罗咒，佛授金刚般若经"，即带有浓厚的密宗痕迹。另据《三山志》卷三十三载：

祈雨僧，僧义收，后梁时人。贞明三年春不雨，至五月，义收以膏□指，不雨。积薪通衢，期七日自焚，炬举而后雨。后游洪州，将归，俗遮留，乃截左臂付之，曰："吾去后，不雨，出以祷，必应。"众塑其像，以臂附之。今真身在寺。②

上面引文中有时间后梁贞明三年（917）的标记记载，这一年桂琛禅师51岁。另在清《福州府志》另有载："义收，不知何许人。后梁时，居侯官万岁寺③。时春不雨至五月，义收积薪通衢，自焚以祷。

---

① 参见《泉州开元寺志》，《建置志》，第13页。转引自徐晓望著：《闽国史》，台北：五南图书出版社，1997年，第327页。
② [南宋]梁克家著：《三山志》卷三十三，《寺观类一·僧寺》。
③ 按：这里的侯官为当时福建侯官县（今福州市闽侯县），万岁寺为唐天祐元年（904），闽王王审知创建，梁开平元年（907）为祝贺朱温称帝，改名万岁寺。

烟举而雨降……"①祈雨在唐末五代，其仪轨往往为密僧所为。 文献中的义收，很明显为当时密宗教派的僧人，即所谓的祈雨僧。 以上引文是桂琛驻锡福建期间密宗存在的佐证。

五、充裕的寺院经济

关于桂琛入闽时期的寺院经济状况，应该说是非常好的，可以用充裕来形容。 在论述此一时期的寺院经济之前，我们先简略介绍一下唐末五代北方寺院经济的基本情况。 会昌法难之前，由于寺院经济的过度膨胀，导致帝国经济根基受到侵蚀，其主要原因是寺院享有赋税、徭役豁免权。 在经济上，初唐以来，寺院的常住财产主要来自四个方面：其一，政府授予寺院定额的田地，以维持他们基本的生活保障；其二，政府对一些寺院进行的赏赐（包括赐田）；其三，社会上一些官僚、富裕大户因为佛教功德的驱使，也对寺院有着大量的捐赠；其四，民间普通百姓小数额的布施（难以统计）。 前面两条财产来源主要来自官方，后面的两条财产来源就属于檀越布施了。 加上中唐以前寺院的免税免役特权，使得寺院经济空前膨胀。 加之唐中后期土地买卖频繁，大量的良田被寺庙兼并，很多破产的农民自愿入寺为僧或充当净人（寺役）。 因此，导致国家可税收的土地减少，承担赋税徭役的人口缩减，自然就威胁到帝国的统治基础，因而促使了会昌灭佛事件的发生。

会昌法难后，以前的均田制逐渐被两税法替代，从按口计税发展到按财产的多少收税。 这样，很多大户为了逃避税收，把大量的财产向

---

① [清]徐景熹撰：《福州府志·释老》，扬州：江苏广陵古籍刻印社，1996年。

寺院转移，进行变相的财富集中。同时，政府废除了寺院的赋税徭役特权，使得唐末中原寺院经济逐渐衰微。但另一方面，禅宗僧徒大量涌向当时还未大力开发的南方山林，开荒拓植，自力自给，百丈怀海禅师制定的禅林清规中"一日不作，一日不食"的丛林普请制度应运而生，成为开发南方经济的一个重要因素，也成为禅宗在南方崛起的一个重要原因。桂琛禅师驻闽时期，已经是南方禅宗寺院经济非常成熟的时候了，这就是主要得力于南方禅僧自给自足的经济模式。

桂琛禅师入闽后，王审知兄弟对于佛教的大力推崇，除了禅宗本身"农禅并重"的发展模式，还与王审知对于寺院的经济政策有关。因此，这一时期福建的寺院经济与王审知政权的政治利益相结合，正如徐晓望先生说的那样，"福建佛教的寺院经济和官府利益相对协调。与北方不同，福建的寺产历来属于公产，地方州县对寺产拥有主权，所以唐宋时期，福建州县开支，除'常赋外，一切取给于寺僧'"。① 这里道出了福建此一时期的两个关键因素：其一，即福建的寺院属于公产，寺院修建的经费其本身主要是来自政府筹措；其二，由于寺院配给有田地（包括禅僧的拓荒），僧人也要从事生产，政府按例收税。这样的政策举措，实际上僧人的身份兼附有集体自耕农的性质。

因此，在本节的论述中，我们将从以上提及的诸方面展开论述，以期揭示桂琛驻闽时期福建寺院经济的现实状况。

（一）寺院等常住财产的来源

根据前面关于建寺、造像缮经内容的描述，我们知道，寺庙、佛

---

① 徐晓望著：《闽国史》，台北：五南图书出版社，1997年，第321页。

像、经典等一切硬件设施，实际上都是寺院的常住财产，这也是僧侣得以正常生存、传法必不可少的条件。王闽政权时期，建造了大量的寺院，塑造了不计其数的佛像，以及缮写了为数不少的佛教经典，而这些常住财产的措置需要耗费巨量的资财。那么这些资金的主要来源是什么渠道呢？下面简单进行讨论。

寺院的建造，大多出自政府行为。如雪峰义存的道场雪峰寺，王审知"倾资给之，屋厦弥山，铸用像设悉具"。① 自义存创建雪峰道场以来，声名遐迩，其驻锡的雪峰寺一直在进行扩建。由于王审知的支持，其规模竟然达到"屋厦弥山"的程度。这样的大工程，也只能是政府进行投资才能完成。此外，前文也有提到，王审邽任泉州刺史时，增建开元寺，《泉州开元寺佛殿碑记》载他"乃割俸三千缗"筹建。应该说，王审邽虽然才割俸三千缗（带有捐赠性质），但是其主要的财务开支应该是来自泉州金库。因为如此状若天宫的恢弘寺院不论从修建到装缮，都需要耗费巨量资财，区区三千缗是绝对不够的。另外，桂琛驻锡的福州地藏院（又作莲宫），亦是原漳州刺史王延虹援建。《宋高僧传》卷十三载："遂为故漳牧太原王公诚请，于闽城西石山（福州）建莲宫而止，驻锡一纪有半。"可以想象，此时的漳州牧王延虹建造的地藏院，除了他个人的出资外，另一部分资金应该也是来自政府的资助。寺院的建设也有个人出资的情况，如《三山志》载："西峰院，昆由里。梁开平二年（908），里人陈褪舍西山之地以创。"②这里提到的西峰院，属于私人舍地建寺，这主要是个人的出资行为了。

---

① [南宋]梁克家撰：《三山志》卷三十四，《寺观类》，福州：海风出版社，2000年，第547页。
② [南宋]梁克家撰：《三山志》卷三十五，《寺观类》，福州：海风出版社，2000年，第570页。

除了建寺，建塔、造像同样需要耗费许多资金。《十国春秋》卷九十载："又奉大雄之教……虹梁雕栱，重新忉利之宫；钿轴牙签，更演毗尼之藏。而又盛兴宝塔，多舍净财。"①引文中提到的事发生在王审知主政时期，并强调建塔的资金大多来自捐赠。

在造像方面，前文提到的王审知主政时期的两次大规模造像，分别发生在梁贞明四年（918），前文所引的"闽王以梦故，谏□□□万斤，以秦蒿七十所于城东，故□□□□万三丈有七，足刱以金，置太平寺"，以及后唐同光元年（923），"忠懿于城西南张炉冶十三所，备铜蜡三万斤铸释迦、弥勒像，庄宗题为金身报恩之寺"。以上两次造像，在古代，金、铜贵重金属实际上是流通金属货币的铸造原材料，这样的资金支持也只能是政府行为。王审知在缮写经典方面的花费则是"泥金银万余两，作金银字四藏经各五千四十八卷，蒟檀为轴，玉饰诸末，宝縠朱架，内龙脑其中"。②这里的"金银万余两"、"蒟檀"、"玉"、"宝縠朱架"、"龙脑"等稀有物资，花费也是个人无法承担的，王审知在具体操作时必然也是取之于政府财库。

关于桂琛驻闽三十多年间寺庙常住财产的来源资料还有一些，这里仅举以上数条说明，这些寺院资产的措置主要是来自政府的资金筹措，少量是来自大户的捐赠和布施。需要指出的是，以上这些寺院常住财产为寺僧提供栖身之所和传法器具之用，但是日常衣食所需主要还是得依靠田产等再生资源，这才是寺院经济的最主要部分。

---

① ［清］吴任臣撰：《十国春秋》卷九十，《太祖世家》，《琅琊忠懿王德政碑》，北京：科学技术出版社，1983 年，第 1305 页。

② ［清］吴任臣撰：《十国春秋》卷九十，《太祖世家》，《琅琊忠懿王德政碑》，北京：科学技术出版社，1983 年，第 1305 页。

(二)寺院田产的来源

桂琛时期,禅宗寺院经济已经比较成熟,主要体现在:禅宗寺院的田产主要有两个来源:其一,来自政府的授田(即所谓的寺田,但同样需要向官府纳税);其次,来自垦荒。关于政府的授田,自唐以来,中原王朝已形成制度。而垦荒,则是禅宗栖身山林得以存身的重要举措,也是南宗得以发展壮大的主要经济基础。随着禅宗丛林经济的不断发展,有些寺院的田产规模也逐渐扩大,又形成了所谓的庄园式经济。在下面的行文中,我们将以桂琛时期禅宗田产经营的情况做出简略的介绍。

关于政府授田,有一条当下学者常引用的材料,《十国春秋》卷九十一载:

> 天成三年冬十二月,度民二万为僧,由是闽地多僧。王弓量田土为三等,膏腴上等以给僧道,因有寺田之名。其次以给土著,又其次以给流寓。科取之法,大率效唐两税而加重焉。①

文献中王延钧度僧授田的时间发生在后唐天成三年(928),是年桂琛禅师圆寂。先不去讨论当下学者争论的田分三等的真实性问题,我们可以肯定的是桂琛驻闽时期寺院获得政府授田是客观事实。当时福建的寺院众多,不可能全来自寺僧的垦荒。而寺僧垦荒的情况仅属于那些远离城市的荒郊地区寺院或有可能。即使是在北方,寺院的授田也是在一直延续,只是政府是在时刻警惕寺院经济发展的规模而施加控

---

① [清]吴任臣撰:《十国春秋》卷九十一,《惠宗本纪》,北京:科学技术出版社,1983年,第1323页。

制。何况此时的僧人已经没有了赋税、徭役的豁免特权,如果没有官方的授田就无法生存。例如桂琛禅师在漳州罗汉院插秧务农,他所耕种的田地应该就是属于政府配给罗汉院的寺田了。

其次,禅宗寺院的田产部分来自垦荒。根据徐晓望先生的看法,当时福建地多人少,为禅僧开荒种田创造了条件。① 下面的例子可以间接的说明禅宗寺僧垦荒的现象比较常见,如《建州弘释录》卷二所载"五代瓯宁南禅宝应寺无垢普随禅师"条:

> 姓黄氏,福州闽县人,年二十五依本州尸罗山西隐寺出家。后参雪峰义存禅师,得佛法大意。来游建州,丞相张钟雅重之,遂施宅为院,名南禅宝应院,请师为第一代祖。师晚年谢院事,飞锡禅岩,灵异日著。尝于双髻岩下开田,田成而无水,师以挂杖划山,山为之裂,乃通水灌田,至今胜迹犹存。天成二年十月初三日示寂,世寿六十三,僧腊三十九,赐谥慧明普照大师。里人肖像祀之,灵应如响,号无垢古佛。②

建州处于闽北,无垢普随禅师(865—927)垦荒的事迹虽然带有神异成分,但是从一个侧面呈现了禅僧开荒的事实。无垢普随禅师的年龄也与桂琛几乎相当,出生和圆寂时间也仅仅相差一两年上下,二人是同时代的人物。可见当时禅僧垦荒现象的存在。这样的禅僧垦荒现象在《禅林僧宝传》卷三十同样有载:"禅师名圆玑,福州林氏。子生方晬而孤,舅收毓之。年十六,视瞻精彩,福清应天。僧传捧见之,异焉曰:'若从我游乎?'玑仰视欣然,为负杖笠去归,俄试所习得度。

---

① 徐晓望著:《闽国史》,台北:五南图书出版社,1997年,第321页。
② [明]元贤集:《建州弘释录》卷二,《万字续藏》第86册,第563页中。

游东吴,依天衣怀。 怀殁,师事黄檗南禅师,密授记莂,玑天姿精勤,荷担丛林,不知寒暑,垦荒地为良田。"①我们认为,唐末五代禅僧结庵垦荒应该是个丛林传统,略带有些头陀行的意味,但从另一个方面则说明了南宗禅僧寺田的来源。

应该说,寺田的来源除了以上两种主要情况,实际上还有其他几种方式,如政府赐予,富户、官僚捐赠,自行购买等途径。 鉴于本书不是专事论述寺院经济的,故而不再予以讨论。

(三)农禅并重的自足模式

与佛教其他宗派最明显的区别是,禅僧在百丈建立普请丛林制度以来,奉行"一日不作,一日不食"的禅林规制。 因此我们才能在禅宗文献中看到大量祖师亲自下地务农的记载,实践着农禅并重的自耕自足模式。 下面简要列举桂琛时期禅僧事农的事实。

如前文所述,除了桂琛禅师在漳州罗汉院插秧事农之外,还有诸如《景德传灯录》卷十八载:"问师:'还有过也无?'曰:'古人为什么事?'雪峰曰:'虽然如此要共汝商量。'曰:'恁么即不如道恁锄地去。'"②雪峰在平时接引学人的禅机对话中出现"锄地"等字眼,显然是他们平时事农生活方式的写照。 另《续指月录》卷四载福州雪峰石翁玉禅师礼雪峰塔诗偈曰:"入闽早是四旬余,象骨崖前缚屋居。 谁道开平年代后,春畴烟雨几锄犁。"③诗偈中的象骨崖,指的就是雪峰山崖,在雪峰禅师道场所在的范围内。 而所谓的开平年间(907—910),

---

① [宋]惠洪撰:《禅林僧宝传》卷三十,《万字续藏》第79册,第552页下。
② [北宋]道原撰:《景德传灯录》卷十八,《大正藏》第51册,第348页下。
③ [清]聂先编辑:《续指月录》卷四,《万字续藏》第84册,第52页上。

指的是雪峰禅师于后梁开平二年圆寂，雪峰石翁玉禅师通过礼雪峰塔作诗偈来怀念雪峰义存。而最后一句出现的"锄犁"同样是表达雪峰生前事农的生活。

以上关于禅师事农的例子很多，这里不作繁举。总之，我们知道，禅宗僧团自给自足的农禅实践成为禅宗寺院经济发展的主要模式，这在桂琛驻闽时期一度达到高峰，并直接影响北宋禅宗寺院经济发展的经营模式。

第二章　桂琛禅师的游学传法路线与时间

一、桂琛时代禅僧游学的风气

桂琛时代禅僧游学的风气非常浓厚，其原因主要有以下两个方面：其一，僧人游学，自释迦以来迄自佛教传入东土，游学一直是个悠久传统。通过游学，除了弘法本身，以及向同道学习，还可以参访圣迹，了解各地风土人情，增长见识（当然也包括住店乞食）。① 其二，安史之乱后，大量流民南迁涌入江南之地，使得佛教的重心南移。以慧能所开创的南宗栖息山野丛林，使得禅宗在唐末五代崛起。南宗以参禅顿悟，鄙弃繁缛经典戒律的风习，初学之人只能通过向悟道的禅宗高僧寻求点化方能契入，因此这是禅僧游学的主要原因之一。在下面的论述中，我们将从这两个方面进行讨论。

---

① 如智严《玄沙师备禅师广录》卷三载："雪峰又问师：'何不巡诸圣迹，访彼同风？'答曰：'二祖不往西天，达摩不来唐土。'"可见雪峰是比较强调禅僧游方参学主张的，而桂琛的嗣法老师玄沙师备认为游方参学对他参禅悟道帮助不大。参见《万字续藏》第73册，第25页下。

（一）游方的传统

僧人的游方，主要包括游学与弘法。关于游方一词，又叫行脚、游化。对行脚（游方）的解释，丁福保《佛学大辞典》中说："行脚，禅僧为修行旅行也。《祖庭事苑》卷八曰：'行脚者，谓远离乡曲，脚行天下，脱情捐累，寻访师友，求法证悟也。所以学无常师，遍历为尚。'"①而游方、行脚的僧人自然就叫行脚僧了。游方与行脚虽然意义一样，但在用词上，游方偏向于空间、地理的表达，而行脚则偏向于旅行方式的肯定。古时交通不便，车马是奢侈的交通工具，四处旅行普通人主要还是得依靠脚力，游方行脚僧的艰辛可想而知。如释迦出家之后，四处游方，参访七十二外道，向他们学习解脱证悟之法，在克服重重困难之后，而最终悟道，然后再四处弘法布道。关于游方行脚僧的艰辛，也正如《虚堂和尚语录》卷七中的一首游方诗《净罩藏主游方》描述的那样，有诗为证：

丛林荒落水云寒，风味心酸话转难。隐隐一枝天外去，不知何地择人安。②

由这首游方诗，可知禅僧行脚除了需要克服交通上的困难，还有吃饭、住宿等切实问题，只有这些问题都解决了，才能谈得上参学，然后才是弘法。但是在佛教传入中国的早期，僧人的游方其本身主要目的并不是为了参学，而是为了弘法。正如学者侯旭东所言："追根溯源，

---

① 丁福保编：《佛学大辞典》，北京：文物出版社，1984年，第542页。
② ［南宋］妙源编：《虚堂和尚语录》卷七，《大正藏》第47册，第1039页上。

游化之风，启于西壤。佛教传入中土，实际获益于西域僧人的游化。"①因此，这里的西域僧人进入中土游化则带有弘法敷导之义。又如《法苑珠林》卷十二云："后汉明帝时，洛阳白马寺有摄摩腾，本中天竺人，善风仪，解大小乘经，常游化为任。"②另外还有《天竺别集》卷一载："昔昙无谶游化葱岭……"③再次，《翻译名义集》卷一云："昙摩迦罗，此云法时，印度人也。幼而才敏，质像瑰伟，善四韦陀妙五明论，图谶运变靡所不该……诵大小乘，游化许洛。"④以上三人均是古印度人，精通佛教经典，或善风仪、图谶。应该说，对于当时的中土，他们对佛法的传播，其行脚游方的目的主要是在弘法方面。另据《释氏蒙求》卷二载："邺中竺佛图澄，诵经数百万言，善解章义，入晋境游化。"⑤《法苑珠林》卷五十七云："即今时世高身是也，高游化中国宣经事毕，值灵帝之末关洛扰乱，乃振锡江南。"⑥以上所举五人，其中摄摩腾、昙无谶、昙摩迦罗均为天竺人，佛图澄为西域龟兹国人，安世高是安息国人，五人的游化均是以弘法为目的。由此可见，佛教的行脚游方早有传统。

以上所举是佛教传入中土初期有关西域僧人游方的文献记载，但是在佛教传入中土之后的中国僧人，是否也是游方成习呢？见《法苑珠林》卷六十二载："梁九江庐山东林寺释僧融，笃志泛博游化己任。"⑦

---

① 侯旭东：《十六国北朝时期僧人游方及其作用述略》，《佳木斯师专学报》1997年第4期，第28页。
② [唐]道世撰：《法苑珠林》卷十二，《大正藏》第53册，第379页中。
③ [北宋]遵式述：《天竺别集》卷一，《万字续藏》第57册，第25页中。
④ [宋]法云编：《翻译名义集》卷一，《大正藏》第54册，1068页中。
⑤ [清]灵操撰：《释氏蒙求》卷二，《万字续藏》第87册，第243页下。
⑥ [唐]道世撰：《法苑珠林》卷五十七，《大正藏》第53册，第719页下。
⑦ [唐]道世撰：《法苑珠林》卷六十二，《大正藏》第53册，第757页下。

僧融为中土僧人，亦以"笃志泛博游化己任"。《法苑珠林》卷二十二云："宋京师枳园寺有释智严，西凉州人，弱冠出家……少而游方更无滞着。"①以上二人，是中国本土秉承僧人游方传统而做出的行为。

历代僧人历尽艰辛，秉承这样的游方风习，或许下面这则文献足以说明个中缘由，正如《弘明集》卷十二云：

> 然沙门之于世也，犹虚舟之寄大壑耳！其来不以事退亦乘闲，四海之内竟自无宅，邦乱则振锡孤游，道洽则欣然俱萃。所以自远而至，良有以也。②

因此，沙门本身以其忘我献身的精神，以弘法布道为志，四海为家，振锡孤游是他们游方旅行的特色，这是他们的神圣使命所决定的。

以上所举这些游方，行脚的行化高僧，无论是天竺人、西域人，还是中国本土僧人，在佛教传入中土初期直到唐末五代，他们所起的影响，至少启发了中国佛教以后的僧侣游方行为，直至到中土禅僧游学风气盛行更是如此。在行脚游方、传法路线方面，在这些早期的游方僧人中，他们的传法路线大多是从西到东，以"印度→西域→长安（西安）→京洛（洛阳）"为主要的路径，其活动范围主要是在北方。因此，中国早期佛教僧侣游方行化的传统，又是如何影响到禅僧的游学参化，在下面的论述中，将以桂琛时代禅僧的行脚游学现象为主要的考察对象进行论述。

（二）桂琛时代禅僧游学传法的地理分布

桂琛时代的禅僧游学，是唐末五代时期禅宗僧人行脚独特现象。

---

① ［唐］道世撰：《法苑珠林》卷二十二，《大正藏》第53册，第452页中。
② ［南梁］僧祐撰：《弘明集》卷十二，《大正藏》第52册，第85页下。

首先，这一时期禅僧的行脚已经与佛教传入中土早期的沙门行脚以行化弘法为目的的出发点有很大不一样了。禅僧的行脚，其主要的目的是游学参禅、访师问道，以禅门顿悟为首要。其次，安史之乱后，南方禅宗大兴，桂琛时期禅僧的行脚游学范围主要是在南方进行，以此意味着佛教传入中土以来发展重心的南移。

　　根据现代学人总结，此一时期禅僧的行脚游学范围大致有以下几大区域：江西（以洪州禅系为主）、湖南（以石头系为主）、陕西与河南（北方佛教）。在禅宗"五家"出现后，又以创宗禅师的聚居地为中心，形成了新的行脚中心，但大体范围仍不出南方的以湖南、江西、福建为主，北方以河北、河南、陕西为主的格局。① 实际上，就桂琛自己的行脚游学路线而言，他是从现在的浙江向西进入江西，再由江西进入东南福建的路线，这是条典型的唐末五代时期禅僧行脚活动的地理游方线路。而北方的禅学则远没有南方这些地域发达，因而禅僧在北方参禅的流量很小。正如《赵州和尚语录》卷一中赵州禅师（778—897）发出的感叹那样："老僧在此间三十余年，未曾有一个禅师到此间。设有来，一宿一食急走过，且趁软暖处去也。"② 赵州从谂禅师的道场在河北，由此可以知道此时北方禅宗发展的氛围甚是冷清。

　　对桂琛时期南方丛林禅僧行脚的地理分析，是个很有意味性的问题。根据学者李映辉的研究，唐末后期，在高僧游徙的空间分布上，有如下一些特点：其一，江南道的高僧输出到外地的最多；其二，江南道所出高僧在外地的活动也比前期更加活跃，所出高僧的数量也大大超

---

① 赵娜：《唐末五代时期禅宗僧人行脚现象探析》，《社会科学家》2011年第5期，第35页。
② [唐]从谂撰：《赵州和尚语录》卷一，《嘉兴藏》第24册，第359页中。

过唐前期；其三，江南道中部的江南西道所居高僧占全国总数的比例高出高僧占全国总数比百分之八，表明江南西道在后期已是一个高僧游徙的聚集地，这是禅宗最发达的地区。相反的情况出现在江南东道，后期所居高僧比例比前期少百分之十左右，显然是高僧游徙发散区，江南东道高僧大多徙居江南西道。① 这里所说的江南西道，主要指的是湖南、四川等地区，江南东道主要指江西、福建、浙江等地。我们知道，在桂琛时期，禅僧大多都是在这些区域行脚游学。而事实上，福建、江西两地的确是向全国（主要是南方）输送禅宗人才最多的地域。

根据以上禅僧行脚徙居的地理分布观点，下面将具体以桂琛时期福建雪峰法嗣和桂琛的法嗣为对象进行分析。

先以《景德传灯录》卷十八、卷十九为文本，来分析雪峰禅师法嗣的地理分布。在雪峰禅师的法嗣弟子56人中，在福建本地传法的禅僧有18人，分别分布在福州、泉州、漳州、建州等地，雪峰的道场所在地福州人数最多，占了12人。而在雪峰处学成后到闽外弘法的人数达38人之多，在这些禅僧中，除了北方的"洛京南院和尚"、"洛京憩鹤山和尚"、"定州法海院行周禅师"、"太原孚上座"四人属于在北方建立道场外，而剩下的34人均分布在江南道。这说明在桂琛时期，许多僧人大多行脚到福建求法，学成后又行脚徙居到江南各地（北方是少数）。那么，在这些法嗣弟子中，又有四种情况：第一种情况最典型，是福州本籍禅僧在雪峰处学成后在福建本地传法；第二种情况是非福建籍的禅僧在雪峰处学成后留在福建建立道场；第三种情况是福建籍的禅僧在雪峰处学成后外出建立道场；第四种情况最普遍，非福建籍在雪峰处学成

---

① 李映辉著：《唐代佛教地理研究》，长沙：湖南大学出版社，2004年，第84页。

后，外出福建传法。通过从以上雪峰法嗣禅师中对这四种情况的地理分布分析，可以说明桂琛时期禅僧行脚徙居传法的基本情况，下面分别列举。

第一种情况，福州本籍在本地传法，这些禅师有：福州玄沙师备禅师福州闽县人，福州大普山玄通禅师福州福唐人，福州长生山皎然禅师本郡人，福州仙宗院仁慧大师行瑫泉州人、福州安国院明真大师弘瑫泉州人，漳州保福院从展禅师福州人，泉州睡龙山道溥号弘教大师福州福唐人。以上七人是土生土长的福建人，雪峰处学成后在本地弘法的禅师。

第二种情况，非福建籍禅僧留在福建建立道场传法，这些禅师有：福州长庆慧棱禅师杭州盐官人，福州鼓山兴圣国师神晏大梁人，泉州福清院玄讷禅师高丽人。以上三人是非福建籍僧在福建驻锡传法。值得注意的是，在这三人中，还有一个外国高丽僧，说明雪峰学生来源的"国际化"。

第三种情况，福建籍僧外出行脚驻锡传法，这些禅师有：信州鹅湖智孚禅师福州人，杭州西兴化度悟真大师泉州人，南岳金轮可观禅师福州福唐人，池州和龙山寿昌院守讷（号妙空禅师）福州闽县人，南岳般舟道场宝闻大师惟劲福州人。以上五人属于福建籍僧外出传法者。

第四种情况，非福建籍僧外出福建传法（属于到福建求法典型），这些禅师人数相对较多，他们是：杭州龙册寺顺德大师道怤永嘉人，杭州龙华寺真觉大师灵照高丽人，明州翠岩永明大师令参湖州人，襄州云盖山双泉院归本禅师京兆府人，杭州龙兴宗靖禅师台州人，韶州云门山文偃禅师姑苏嘉兴人。以上6人属于非福建僧外出传法，其中一人为

外国籍高丽人。

另外,除了以上四种情况统计的 21 人所在传法地和籍贯清楚之外,还有许多禅僧(38 人)不清楚他们的籍贯所在地,我们估计他们应该大部分是非福建籍禅僧。通过以上分析可以发现,雪峰义存的这些法嗣弟子到他这里求学参禅,绝大部分学员实际上是经过行脚游方来的,学成后又行脚到各处,建立道场弘法。这些禅师基本上是桂琛禅师时代的人物,而且桂琛禅师也曾经在雪峰禅师处求学。故而分析这些人物对于研究桂琛禅师时代禅师的行脚传法的地理分布具有确实的参考价值。

接下来再来探讨桂琛禅师的法嗣禅僧行脚徙居的地理情况。桂琛禅师的法嗣弟子与雪峰的法嗣弟子不同,桂琛的法嗣弟子所生活传法的年代大多延伸到了桂琛圆寂之后的时代。何况在桂琛谢世后,闽国很快灭亡,福建地理上的政治格局已经发生了很大的变化。但是,政治地理格局虽然产生了变化,而禅宗的传承还是主要发生在江南地域。

根据《景德传灯录》卷二十四收录,记载桂琛禅师法嗣仅 7 人,他们分别是:金陵清凉文益禅师、襄州清溪洪进禅师、金陵清凉休复禅师、抚州龙济绍修禅师、杭州天龙寺秀禅师、潞州延庆传殷禅师、衡岳南台守安禅师。① 从以上人物驻锡传法的徙居道场可以看出,北方仅 1 人(潞州,今山西长治),其余的分布在江南道,即今江苏南京、湖北襄阳、江西抚州、浙江杭州、湖南衡岳等地。而他们的籍贯原住址分别为杭州、北海,其中 5 人原籍不详。从上可以看出,以上几人分别属于非福建籍僧行脚远徙问道于桂琛,学成后又开花散叶到福建之外传

---

① [北宋]道原撰:《景德传灯录》卷二十四,《大正藏》第 51 册,第 397 页。

法。我们估计大部分都是在自己的非籍贯地徙居传法,如清凉文益原籍杭州,最后是在南唐金陵(今南京)建立道场弘法;升州势凉院休复悟空禅师北海人,最后是在南唐金陵升州传法等等。因此,可以清楚地从桂琛时期南方禅宗僧人行脚徙居的地理分布,看到当时南宗在江南行脚游学、传法的风气。

以上仅仅是列举雪峰和桂琛二人的法嗣弟子的行脚地理路线和分布,在《景德传灯录》中载录的众多其他禅师中,基本上也是遵循着这样的规律:即从原籍到受戒地,然后又行脚游学,学成后再行脚,根据因缘促成,再选择徙居地驻锡弘法。总的来说,大部分禅僧都是在四川、湖南、湖北、江西、福建、江浙、金陵等江南地域流动,而这些地域正是当时以福建雪峰为首的青原一系、江西洪州禅一系、湖南衡岳石头一系等为中心展开的。其中桂琛时期福建闽中又是禅宗最兴旺的地区之一,成为全国培养禅宗僧才的聚集地。可以说,此时的福建是高僧辈出,人文荟萃,从以上的高僧地理分布就可见一斑了。

二、桂琛禅师游学传法路线及时间

桂琛禅师的游学传法路线及时间一直是个悬而未解的问题。一方面,藏内文献《宋高僧传》与《景德传灯录》等文献材料中对桂琛禅师游学传法的路线交代极其简略,在游学、传法年代方面的交代更是隐晦不明。另一方面,要比较清晰地呈现桂琛禅师一生从入寺、受戒、游学、传法、行脚徙居地的路线与年代等一系列问题,是个比较艰难的课题。在具体研究成果方面,目前有三篇论文值得注意:它们分别是王荣国先生《文益禅师在闽参桂琛的年代、因由、地点与卓庵处考辨》①，谢重光先生《也谈文益禅师参桂琛的地点和年代——与王荣国同志商榷》②，以及王荣国先生的回应文章《对谢重光先生〈也谈文益禅师参桂琛的地点和年代〉的回应》③。以上三篇文章是关于文益禅师参桂琛禅师的地点及年代问题，对于我们考察桂琛禅师传法的地点及年代具有一定的参考价值。同时，这三篇文章基本上是间接涉及桂琛禅师的研究，文章中的桂琛是作为法眼文益研究的配角出现的。尽管如此，对于本书考察桂琛禅师在地藏院的传法年代讨论仍然具有一定的参考价值。这三篇文章都是发表在距今十多年前，也就是说，在二位先生之后，关于桂琛禅师的研究几乎就没有学者关注过。

在台湾方面，黄绎勋《法眼文益悟道历程及其史传文献意义考》④一文涉及桂琛的研究。但文章主要讨论的是桂琛传法方面的，对桂琛行脚徙居路线与年代没有作讨论，因此参考意义不是很大。

另外，涉及桂琛禅师徙居年代研究的著作也仅是出现在部分章节中，篇幅也很少，如张云江著《法眼文益禅师》⑤，因为桂琛禅师是法眼文益的得法老师，所以书中附带对桂琛做了一些介绍，对本书亦有一定的参考价值。还有一些关于禅宗史、佛教史等著作文献，也仅仅只

---

① 王荣国：《文益禅师在闽参桂琛的年代、因由、地点与卓庵处考辨》，《世界宗教研究》2002年第1期，第105~112页。

② 谢重光：《也谈文益禅师参桂琛的地点和年代——与王荣国同志商榷》，《世界宗教研究》2003年第1期，第31~36页。

③ 王荣国：《对谢重光先生〈也谈文益禅师参桂琛的地点和年代〉的回应》，《世界宗教研究》2004年第1期，第38~43页。

④ 黄绎勋：《法眼文益悟道历程及其史传文献意义考》，《台大佛学研究》第24期，2012年，第61~92页。

⑤ 张云江著：《法眼文益禅师》，厦门：厦门大学出版社，2010年，第53~75页。

是对桂琛禅师作了些常识性的介绍,是直接摘取藏内文献进行评述,对本书的讨论参考意义也是不大。

基于以上的一些研究成果,再结合藏内、藏外古代文献资料,我们将桂琛禅师一生的行脚游学、传法路线及其年代做深入的分析和讨论。

(一)桂琛禅师行脚游学、传法的路线

关于桂琛禅师行脚传法的路线,在藏内文献中多有记载。我们在检视这些文献中,亦有一些分歧和抵牾。这些分歧主要表现在桂琛传法讲学的地藏院,抑或莲宫所在地,一说在福建,一说在漳州等。这样的分歧在藏内文献史传、灯录等文献中比较常见。其主要原因在于僧人、学者对早先文献在进行"抄录"、"转写"的过程中,往往会出现对地名、人名,甚至时间上的脱厄、衍误等现象,这在藏内文献中以僧人身份撰述的文本中比较常见,甚至有些文献为了某种意图而进行一定程度的"加工"亦有多处呈现。因此,这就涉及我们对于文献的版本、资料来源、撰著者身份、校勘甄别等考辨。在下面的研究中,我们在对于文献版本的选用将尽量选择最接近人物时代的文献,而过于晚近的文本将仅作为参考或旁证出现。① 另外,在具体论证中,适当结合地方志、地理志、金石材料等进行旁证。综合以上诸种材料,力求做到论证上的相对客观。

由于记载桂琛禅师行脚传法的路线在藏内史传、灯录等文献中出现分歧,因此,我们将对这些文献撰成年代离桂琛时代较接近的版本进行

---

① 在本文中,我们对于藏内文献记述桂琛传记或同时代相关人物的文献版本,主观上以南宋以前的为主,元代及之后的版本文献仅作旁证和参考。

罗列，然后进行比较和考辨（见表2-1）。

表2-1 桂琛禅师行脚传法徙居路线文献比较

文献名称	撰述者	文献撰成年代	桂琛称谓	桂琛行脚游学、传法徙居地
《宋高僧传》卷十三	北宋 赞宁（919—1002）	987	后唐漳州罗汉院桂琛	常山人，事本府万岁寺无相大师。初谒云居，后诣雪峰、玄沙两僧，为故漳牧太原王公诚请于闽城西石山建莲宫而止。后龙溪为军倅勤州太保琅琊公志请，于罗汉院为众宣法；以天成三年戊子秋届闽城旧址。
《景德传灯录》卷二十一	北宋 道原	1004	漳州罗汉桂琛和尚	常山人，本府万岁寺无相大师。初谒云居、雪峰，漳牧王公请于闽城西之石山建精舍，曰地藏。仅逾一纪后，迁止漳州罗汉院。师后唐天成三年戊子秋复届闽城旧址，遍游近城梵宇。
《禅林僧宝传》卷四	北宋 惠洪	1119	漳州罗汉琛禅师	常山人，见万寿寺无相律师，漳州牧王公请住城西石山，迁止罗汉。后唐天成三年戊子秋，琛复至闽城旧址，遍游近城诸刹。
《佛果圆悟禅师碧岩录》卷四	北宋 重显颂古、克勤评唱	1111—1117	漳州地藏	无

续表

文献名称	撰述者	文献撰成年代	桂琛称谓	桂琛行脚游学、传法徙居地
《释氏通鉴》卷十二	南宋 本觉	1270	漳州罗汉琛禅师	漳州牧王公请住城西石山地藏,后迁止罗汉
《禅宗颂古联珠通集》卷三十五	南宋 法应集 元 普会	南宋—元	福州地藏桂琛禅师	无

在上面的列表中,我们依时间远近罗列了6个版本离桂琛时代比较切近的文献。在地理描述上,在文献《景德传灯录》之后逐渐简略。而在《宋高僧传》和《景德传灯录》中,对桂琛行脚徙居的地理路线都描述得很详细。通过整理,这条行脚游学传法的路线大致是:

常山→万岁寺→云居寺→雪峰寺→玄沙寺(安国寺)→地藏院(或莲宫)→漳州罗汉院→闽城旧址。①

从桂琛禅师这条行脚游学传法路线图,可以获知三个信息:其一,桂琛徙居涉及三个大的地理范围,即今浙江、江西、福建。其二,《宋高僧传》、《景德传灯录》与《禅林僧宝传》之间出现了分歧,漳州牧王公请桂琛所驻锡地分别表达为"闽城西石山建莲宫"、"闽城西之石山建精舍曰地藏"、"城西石山"。后面的文献均没有"闽"字,仅表达为"城西石山"。其三,在桂琛称谓上主要出现四种意义不同的形式,分别为"后唐漳州罗汉院桂琛"、"漳州罗汉琛禅师(和尚)"、"漳州地

---

① 根据我们研究,桂琛禅师除了在这条游学传法的路线徙居外,应该还有在别处作停留,这在后文另作讨论。

藏"、"福州地藏桂琛禅师"等等。以上三条信息，将成为我们考察、分析桂琛禅师游学传法路线的关键点。下面的地理论述将以上面桂琛禅师行脚游学传法路线的徙居点为顺序展开，并进行分别考述。

1. 常山

常山（县），是桂琛禅师的出生地，是人生开始的地理起点。常山在桂琛时期的地理所属，根据《常山县志》载："乾元元年（758），常山县曾一度划归信州（今江西省上饶），不久仍属衢州。广德二年（764），县治迁至今天马镇。唐代常山县，初隶江南道，后隶江南东道，浙江东道、西道。晚唐归藩镇节度使管辖。五代十国时，常山县归吴越国版图，属衢州。"①另清光绪版《常山县志》卷二载："乾元元年以常山、玉山二县属信州，常山县旋属衢州。此常、玉二县今隶瞿信之始。"②由于现今常山县隶属浙江，地处浙江、江西、福建三省的交界处，所以出现历史上分属衢州、信州的情况。至少在桂琛时期，常山县归属衢州（今浙江西南）无疑。因此，可以推定桂琛籍贯当属浙江衢州尚无疑义。

2. 万岁寺

本府万岁寺是桂琛禅师出家受戒的寺院，也是桂琛真正意义上修行的地理起点。那么万岁寺到底在衢州哪里呢？依据字面意思对"本府"的理解，万岁寺至少应该在衢州境内，甚至可能在常山县境内。我们通过梳理古代地理文献时发现，桂琛出家时期的万岁寺实际是万寿寺的别称，是赞宁撰成《宋高僧传》不久之前雍熙元年（984）的皇帝

---

① 常山县志编纂委员会编：《常山县志》，杭州：浙江人民出版社，1990年，第41页。
② [清]李瑞钟等纂修：《常山县志》，清光绪十二年(1886)刊本，第182页。

赐名，赞宁撰述时采用的是现称，而桂琛时期该寺叫容车寺，唐大中十年（856）建。直到宋雍熙元年改名为万寿罗汉寺（万岁寺），又在祥符六年（1013）改为永年寺，下面将具体对"万岁寺"做出考证。

我们通过查验清光绪版《常山县志》卷十八《建置·寺观》"永年寺"条载：

  永年寺，在县北三十里，唐大中十年建，宣宗赐额，曰容车。宋雍熙改元，更万寿罗汉寺。祥符六年，改赐今额。赵鼎、魏矼、范冲避地南来，尝寓此寺。后院久圮，同治十二年，里中众姓重建。①

另在清光绪《衢州府志》卷二十六《寺观》"常山县·永平寺"条所载：

  永平寺，县北三十里，唐大中十年建，祥符六年赐今额。赵鼎、魏矼、范冲三贤尝寓此。②

从上面两条地方志文献记载看，很显然，永年寺与永平寺是为同一座寺庙，而且《常山县志》的记录要比《衢州府志》的记录详细很多。同时，在《御定佩文韵府》卷六十三亦有录："《舆地纪胜》：永年寺，在容车山之麓。茂林修竹，断崖寒溜，胜概为诸刹之冠。"③根据以上文献互证，可知《常山县志》中的永年寺记载更为准确，《衢州府志》中的"永平寺"是为抄录中的讹误，把"年"误写成了"平"。因此，下面的讨论将以《常山县志》中载录的"永年寺"为基础作为依据。根据《县志》记载，永年寺在唐大中十年（856年，桂琛禅师出生之前的

---

  ① ［清］李瑞钟等纂修：《常山县志》，清光绪十二年（1886）刊本，第401页。
  ② ［清］杨廷望纂修：《衢州府志》卷二十六，清康熙五十年（1711）修，清光绪八年（1882）重刊本，第1660页。
  ③ 《御定佩文韵府》卷六十三，《钦定文渊阁四库全书》。

11年）建。宣宗赐额"容车"的原因，是因为寺庙在容车山之麓，因山而命寺名，这是比较常见的命名逻辑。容车寺在宋雍熙元年（984）改名为万寿寺，祥符六年（1013）又更名为"永年寺"。这是寺庙从唐建成以来的856年到北宋1013年止期间的寺庙名称沿革。由此可见，文献中雍熙改元更名的"万寿寺"实际上就是《宋高僧传》卷十三中桂琛禅师出家的万年寺无疑了。也就是说，早在桂琛出生前的11年，"万岁寺"已经建成，只不过当时的名称叫"容车寺"而已。那为什么《宋高僧传》的撰述者赞宁把"容车寺"称呼为"万岁寺"而不称呼为桂琛出家时期的寺名"容车寺"呢？根据赞宁奉诏最终撰写完成《宋高僧传》的时间是在雍熙四年（987）①，这一年，容车寺已经在三年前就更名成了"万寿寺"名称了。所以寺院的称呼名称赞宁是采用现称而不是沿用旧名，我们认为这主要的原因是当朝皇帝更的名。但是赞宁为什么把"寿"称呼为"岁"呢，我们以为一方面"万寿"与"万岁"同义，称万岁有尊奉宋太宗赵匡义的意味吧。再者，在《禅林僧宝传》卷四《漳州罗汉琛禅师》有"禅师名桂琛，生李氏，常山人也。幼卓越，绝酒胾，见万寿寺无相律师"。②更晚的文献《新修科分六学僧传》卷八《唐桂琛》有云："生常山之李氏，童时即笃志离俗，亲戚乡党皆莫之从。年且弱冠，乃获为郡之万寿寺无相大师弟子。"③这里列举的北宋《禅林僧宝传》卷四，以及《新修科分六学僧传》卷八两部文献中均称桂琛初入寺的名字为万寿寺，很明显，赞宁撰称万寿寺有尊奉

---

① 金建锋：《〈大宋僧史略〉与〈宋高僧传〉成书时间考》，《中国典籍与文化》2009年第3期，第60页。
② [北宋]惠洪撰：《禅林僧宝传》卷四，《万字续藏》第79册，第500页上。
③ [元]昙噩述：《新修科分六学僧传》卷八，《万字续藏》第77册，第142页下。

太宗之意。

根据以上的讨论,我们得出结论,桂琛出家的寺院万寿寺的寺名沿革是这样的:

容车寺[大中十年(866)建成]→万寿(岁)寺[宋雍熙元年(984)]→永年寺①[大中祥符六年(1013)]

关于上面大中祥符六年更改为永年寺的原因,估计跟桂琛在宋初被赐号"宣法大师"有关。根据《大中祥符法宝录》卷十一载:"诏赐证义僧句端号'慧辩大师'、绍琛号'宣法大师'……"②因此,我们推断,永年寺的赐名很可能是为了褒扬桂琛禅师而对其最初出家受戒的寺院容车寺有关。因桂琛在历史上的名声和在当时禅林中的地位,而被皇帝赐号"宣法大师",其出家的寺院获得赐额殊荣是在情理之中。更何况,永年寺"胜概为诸刹之冠",这既是桂琛的殊荣,也是禅林的荣耀。

此外还需要补充一点,在清光绪版《常山县志》卷十八《建置·寺观》"万寿庵"条中记载:

> 万寿庵,在县北三十五里黄冈山。久圮,明隆庆间,僧募建。国朝康熙四十五年,僧立如、天植重建,咸丰十一年被毁。同治六年,僧卓然率智勤募捐造。③

至于这里的万寿庵,估计是桂琛时期永年寺的附院,或许就是万寿寺。根据《方舆胜览》卷七:"永年寺,在常山县北三十里,又名黄冈

---

① 按:清光绪《衢州府志》卷二十六《寺观》作"永平寺"。
② [北宋]杨亿等编:《大中祥符法宝录》卷十一,《赵城金藏》第111册,第822页中。
③ [清]李瑞钟等纂修:《常山县志》,清光绪十二年(1886)刊本,第405页。

寺，丞相赵鼎、侍郎魏矼、侍读范冲、避地南来，寓居寺中，有酬唱。"①可见，永年寺的名称又有其他的称呼。根据对现今浙江常山县所处何家乡的黄冈山②万寿寺的考察，再结合《方舆胜览》卷七中提到的"永年寺"之另名"黄冈寺"，可知桂琛出家受戒的寺院的历史名称一直都在变化。

据当今浙江省《常山县志》中说："（自唐以来）县内相继建有寺院庵堂 63 座，较著名的还有护国寺（亦名北禅寺）、慈云寺、永年寺、福田寺、灵峰寺、龙山寺、万寿寺、湖山寺等。"③很显然，这里罗列的寺庙永年寺、万寿寺，他们实际上是同一个寺庙④，这在上面的论述中已经很清楚了，县志的编纂者很可能没有对这两个寺名的沿革进行仔细考辨。

以上的论述对桂琛禅师出家的万岁寺的地理及寺名沿革进行了详细的考辨，经过论证发现，桂琛出家时的寺院当时叫容车寺，万寿（岁）寺是雍熙元年（984）时的皇帝赐名。之所以出现在赞宁《宋高僧传》中，是因为寺名万寿（岁）寺的赐名恰好在《宋高僧赞》完成（987）之前的三年，赞宁沿用了当时皇帝赐名的寺院名称"万寿（岁）寺"而非桂琛出家时期的寺名"容车寺"。

---

① [南宋]祝穆：《方舆胜览》卷七，《钦定文渊阁四库全书》。
② 《大清一统志》卷二三三载："黄冈山，在常山县北三十五里。宋时赵鼎、范冲、魏矼同于此相近者为营山栖檐，曾结营此故名。"《明一统志》卷四十三载："容车山，在常山县北二十五里。"可见，黄冈山很可能就是前面提到的容车山。
③ 常山县志编纂委员会：《常山县志》，杭州：浙江人民出版社，1990年，第 591 页。
④ 按：现今编的浙江省《常山县志》把不同时期寺院的沿革名称永年寺、万寿寺误认为两座不同的寺院。

3. 云居寺

桂琛离开万岁寺后参访的寺院为云居寺。据赞宁《宋高僧传》卷十三《后唐漳州罗汉院桂琛传》记载，桂琛离开万岁（寿）寺后，"于是誓访南宗，程仅万里。初谒云居……"一语看，桂琛禅师是直接由常山万岁寺往西进入今江西境内，参访当时闻名遐迩的曹洞祖庭云居山道场的道膺禅师。其时，道膺禅师正在云居寺传法接引弟子。《宋高僧传》卷十二《唐洪州云居山道膺传》有语"初住三峰，后就云居提唱"①，道膺禅师在云居传法直到天复二年（902）正月初三日圆寂。道膺所在的云居寺在今江西永修县云居山，按今日之地理交通距离，从常山县何家乡（昔万岁寺所在地）行脚出发到云居山麓，大约近四百公里。不过，此一地理路线，因在古时还没有修建如此便捷的交通，再加上当时各地豪强割据混战，估计会绕行许多脚程，总行程足以在千里之外了。行脚期间，桂琛禅师肯定还会徙居投宿其他寺院，因无文献记载，就不得而知了。

4. 雪峰寺

桂琛在云居处参学无所获，于是折道东南，进入闽中侯官县（今福州闽侯县）同样名声很大的雪峰义存道场雪峰寺。雪峰寺的地理位置，据南宋《方舆胜览》卷十载：

> 雪峰寺，在侯官县西百余里。唐咸通（860—874）中，真觉禅师义存游吴楚至武陵，传法于五祖德山，乃归闽，居芙蓉山石室。其徒狎集，于是得象骨峰，诛茅为庵。（义存）一日登岭，遇雪留宿其上，因名雪峰。《闽中实录》闽王问："雪峰禅师住象骨峰有何异？"答曰："山顶

---

① ［北宋］赞宁撰：《宋高僧传》卷十二，《大正藏》第 50 册，第 781 页中。

暑月常有积雪。"审知曰:"可称。"寺中无字碑或人题诗云:"一片如屏紫翠间,风吹日炙藓花斑。莫言个里无文字,正要当人着眼看。"①

从《方舆胜览》对雪峰寺的地理描述看,雪峰山位于侯官县西百余里,居今福州市西,本来叫象骨峰。"雪峰"的由来,因义存一日登岭遇雪,则留宿山上,故而名"雪峰"。当时的雪峰山,从雪峰义存禅师与王审知的对话内容看,居然"暑月还常有积雪"。根据寺中碑文题诗,有"一片如屏紫翠间,风吹日炙藓花斑"对雪景的描述,表达了雪峰山(寺)的由来。根据今天我们的地理经验,福州市区实际上很少下雪。而雪峰山位于闽侯县大湖乡,距县城52公里,峰顶海拔仅800米,山峦绵延60公里,跨闽清、古田、罗源三县地界,系火山岩低山。我们以为,如此低海拔的山峰,山顶"暑月常有积雪"几乎是不可能的,但是冬月寒冷、山上积雪倒是很有可能,五代到今不过一千年左右的时间,气候不可能有如此之大的反差。因此,我们以为文献的描述可能有宗教神圣性的成分在里面吧。

根据现在交通地理,从云居山到雪峰山,行脚距离大致在670公里左右。如果放在桂琛时期,此条线路可谓沟壑林立,山岭绵延,至少要翻越绵亘的武夷山脉,才能进入闽中,因而此一行脚路途必然艰辛,估计行脚路程当在两千里左右。行脚期间,桂琛亦会挂单投宿他寺,因无文献记载,难以得知实况。

5. 玄沙寺

桂琛在雪峰义存处参悟未果,转而投到玄沙师备门下参学。因此,桂琛的下一个行脚徙居地是在离雪峰寺不远的玄沙寺。玄沙寺的

---

① [南宋]祝穆:《方舆胜览》卷十,《钦定文渊阁四库全书》。

由来,据元贡师泰撰《玩斋集》卷七《福州玄沙寺兴造记》载:

> 闽山之南,有真觉禅师存公始创寺于侯官县之象骨山下,曰"雪峰"。其徒宗一大师备公又别创寺于怀安县东飞来峰之下,曰"玄沙",实梁开平二年也。晋开运四年,寺废于兵。宋天禧三年,耀之珠禅师乃复兴起。其后日益盛大,穹楼杰殿,重门广庑,金碧辉映,与山上下始为一邑诸大招提之冠。然历岁滋久,木朽石泐,不能无倾圮者。且寺故有田,在闽清县南白洋池浦之上,地高土瘠,灌溉不通,日就芜废,寺益告匮。今藏石珍禅师来主兹山,慨然叹曰:"此望刹不当如是也!"①

上面这条文献比较详细地记录了玄沙寺的地理位置福州怀安县(今福州市仓山区境内),在雪峰寺东南 50 公里左右。其时二寺形成犄角之势。文献中说玄沙寺建成于梁开平二年(908),晋开运四年(947)②毁于乱兵,宋天禧三年(1019)耀之珠禅师复兴,然后逐渐衰落,至元代藏石珍禅师来主玄沙寺。似乎可以看出,玄沙寺曾在元之前两度辉煌,几度衰落。但是,文献中记载玄沙寺创于梁开平二年是错误的,因为这一年十一月恰好是玄沙师备圆寂。那么玄沙寺的沿革到底是怎样的呢?根据徐晓望《闽国史》:"师备出道后,在罗源玄沙居住,所居草屋仅能遮蔽风雨……他的名声越来越响,'天下丛林,皆望风而宾之,闽帅王公待之以师礼,学徒八百余'。他所居之处很快变成一所大寺院。"③我们以为,这里的叙述也太过简略,而且师备出道

---

① [元]贡师泰撰:《玩斋集》卷七,《福州玄沙寺兴造记》,《钦定文渊阁四库全书》。
② 按:实为后汉天福元年。
③ 徐晓望著:《闽国史》,台北:五南图书出版社,1997 年,第 331 页。

也没有居玄沙,因此徐晓望先生的研究亦有误差。因为根据《雪峰义存禅师语录(真觉禅师语录)》卷二载:

> (中和元年辛丑)师(雪峰)年六十……是岁备头陀出世,住梅溪场普应寺,后迁玄沙。①

文献中的中和元年辛丑为公元881年,也就是说,玄沙师备这一年开始出道弘法,居住在梅溪场普应寺,之后才迁往玄沙。由于没有文献记载玄沙师备在普应寺住了多长时间,但是可以估计,桂琛参师备时应该已经在玄沙道场了。由于玄沙道场的名气逐渐增大,当时的王审知于是就直接把玄沙寺进行了扩建,并名之为安国禅院了,玄沙师备成为安国禅院的开山住持。这一事件在《玄沙师备禅师广录》卷一有载:

> (师)初住玄沙,光化初,王审知请为安国开山,学者从之常七百余人,慧球、桂琛皆其高弟。审知奏赐紫袈裟,宗一之号。开平二年十一月示灭,年七十有四。②

根据上面文献记载,师备成为安国寺开山的时间是在光化初年(898)。这里的安国寺,实际上就是玄沙寺。万历《福州府志》对玄沙寺还有简略的记载:"玄沙寺,在升山下。五代梁建,国朝永乐间(1403—1424)重修。"③同时《三山志》亦载:"升山有元沙寺(又称玄沙寺),本安国禅师塔院也。"④这里的安国禅师,指的就是玄沙师

---

① [明]林弘衍编:《雪峰义存禅师语录(真觉禅师语录)》卷二,《万字续藏》第69册,第88页中。
② [唐]智严集:《玄沙师备禅师广录》卷一,《万字续藏》第73册,第1页中。
③ [明]万历《福州府志》,《日本藏罕见中国地方志丛刊》,北京:书目文献出版社,1990年,第322页。
④ [南宋]梁克家撰:《三山志》,福州:海风出版社,2000年。

备,玄沙寺也就是安国禅院了。 另《闽都记》还载:"升山灵岩寺(之)升山,去郡十里而遥。 陈天嘉三年(562)创寺,旧号飞山,玄沙寺即其址也。"①可见,这里的升山(今福州郊区新店镇升山),就是师备驻锡传法的寺院所在地玄沙山了。 因此,玄沙寺名的沿革如下:

灵岩寺(562)→玄沙寺(灵岩寺旧址上建)→安国寺(898)

很显然,桂琛参学玄沙时经历了玄沙寺升级到安国寺的变迁。 因此,桂琛离开雪峰寺到玄沙寺之后,直到898年玄沙寺才升级到安国寺。 此时他仍在玄沙师备下参学,直到几年后的唐天祐(904—907)②间离开师备处,徙居福州地藏院止。

6. 地藏院

桂琛禅师在师备处悟道后,成为玄沙师备传法的得力助手,文献中记载他说:"玄沙每因诱迪学者流,出诸三昧,皆命师为助发。"③这里的师,指的就是桂琛禅师。 正是如此,桂琛的名声才"声誉甚远",故而出现"时漳牧王公请(桂琛)于闽城西之石山建精舍,曰'地藏'。请师驻锡焉"④的文句。 以上是北宋道原成书于1004年的《景德传灯录》卷二十一中,对桂琛禅师移居"闽城西之石山地藏院"的因缘比较详细的文字记载了。

我们想知道,文献中提到的"闽城西之石山"是在福建还是漳州

---

① 参见《闽都记》。
② 参见后面的论述。
③ [北宋]道原撰:《景德传灯录》卷二十一,《大正藏》第51册,第371页上。
④ [北宋]道原撰:《景德传灯录》卷二十一,《大正藏》第51册,第371页上。

呢？王荣国先生认为地藏院是在福州，①而谢重光先生认为地藏院在漳州。② 在两位学者讨论的基础上，结合我们对文献的梳理甄辨，认为地藏院应该是在福州城之西的可能性更大，并认同王荣国先生的看法。同时，我们将在王荣国先生论证的基础上，再作一点小小的补充。

从桂琛禅师的称谓进行分析，在藏内文献中，桂琛的称谓众多，诸如后唐漳州罗汉院桂琛（《宋高僧传》卷十三③，成书于987年）、漳州罗汉院桂琛禅师（《景德传灯录》卷二十一、卷二十四④，成书于1004年）、福州地藏桂琛禅师（《禅宗颂古联珠通集》卷十八、卷三十五⑤，成书于南宋；《禅苑蒙求瑶林》卷一⑥，成书于金）、漳州地藏桂琛禅师（《宗门拈古汇集》卷三十八⑦，成书于清）等四个主要有差别的称谓。根据以上罗列，除《宗门拈古汇集》成书最晚（清代）以外，其余的成书朝代基本是在南宋（包括金代）及以前。很明显，《宗门拈古汇集》中称谓桂琛为"漳州地藏桂琛禅师"的称谓值得推敲，或是书中对桂琛的称呼是沿用他在福州地藏院时的称谓。根据僧门史传、灯录中对禅师的称谓惯例，称谓中地名与驻锡传法的寺院是统一的，如《宋高僧传》卷十三称谓"后唐漳州罗汉院桂琛"中，后唐指驻锡地的主要时

---

① 参见王荣国：《文益禅师在闽参桂琛的年代、因由、地点与卓庵处考辨》，《世界宗教研究》2002年第1期，第105～112页；王荣国：《对谢重光先生〈也谈文益禅师参桂琛的地点和年代〉的回应》，《世界宗教研究》2004年第1期，第38～43页。
② 谢重光：《也谈文益禅师参桂琛的地点和年代——与王荣国同志商榷》，《世界宗教研究》2003年第1期，第31～36页。
③ [北宋]赞宁撰：《宋高僧传》卷十三，《大正藏》第50册，第786页下。
④ [北宋]道原撰：《景德传灯录》卷二十一、卷二十四，《大正藏》第51册。
⑤ [南宋]发应集：《禅宗颂古联珠通集》卷十八、卷三十五，《中华大藏经》第78册。
⑥ [金]志明撰：《禅苑蒙求瑶林》卷一，《万字续藏》第87册，第60页下。
⑦ [清]净符汇：《宗门拈古汇集》卷三十八，《万字续藏》第66册，第224页中。

间，漳州是桂琛驻锡的罗汉院，指的是漳州罗汉院。这三个限定词是对桂琛的限定，连起来就是"桂琛禅师在后唐时期驻锡在漳州罗汉院传法"的意思。而这一称谓主要是针对桂琛在漳州罗汉院传法时期的称谓而言的。另外，成书于南宋（金）的文献《禅宗颂古联珠通集》卷十八、卷三十五，以及《禅苑蒙求瑶林》卷一中，则出现"福州地藏桂琛禅师"，也就是说，桂琛在福州的地藏院传法。由此证明，桂琛最初所在的地藏院应该是在福州。而成书于北宋的《佛果圆悟禅师碧岩录》卷四以及清代《宗门拈古汇集》卷三十八出现的称谓"漳州地藏桂琛禅师"，我们认为有误，有讹传的嫌疑。

根据以上我们的补充，结合王荣国先生的论证，基本可以确认桂琛禅师是应漳州牧王公所邀，出道宣法的所在地"闽城西之石山地藏院"是在福州西不远的地方，位于今福州市西北的闽侯县境内几成事实，而不是在漳州的地域境内。

7. 漳州罗汉院

根据史传资料，桂琛禅师在福州地藏院驻锡"一纪有半"，因受到鼓山神宴的排挤，不得已应"龙溪为军倅勤州太保琅琊公志请，于罗汉院为众宣法"（《宋高僧传》卷十三）。这里的罗汉院，具体是在哪里呢？在《宋高僧传》和《景德传灯录》的《桂琛传》中都没有明确说明。但是通过我们检视藏内文献，发现有 5 条有价值的线索，罗列如下：

第一条，《宋高僧传》卷十三载："（文益）遂参宣法大师，曾住漳浦罗汉，闽人止呼罗汉。"①这里的宣法大师是指桂琛，交代他曾住漳

---

① ［北宋］赞宁撰：《宋高僧传》卷十三，《大正藏》第 50 册，第 788 页上。

浦罗汉院。漳浦县是漳州的下辖县,位于漳州南 50 余公里处。

第二条,《灵峰蕅益大师宗论》卷八载:"《樵云律师塔志铭》:'按师为澄邑新安周氏子,出家漳之开元寺,法名真常,樵云其别号也。儿时以瓦缶竹木列为瓶锡,父知其志,舍入寺。寺为罗汉琛禅师道场,师剃度时,即有慕琛之心。"①这里讲"漳之开元寺"为罗汉琛禅师道场,"漳"可以是漳州,也可以是漳浦,在唐代漳浦为漳州的州治(政府办公地)。据清光绪《漳州府志》卷四十记载:"开元寺,在府治西北紫芝山麓,唐嗣圣间(684)开建于漳浦,明皇(开元)二十六年(738)改今名。贞元(785—804)徙州治于龙溪,道观同移。"②根据这则文献可以佐证,漳州在历史上的确有开元寺,而且寺址确实是在今漳浦县。

第三条,同样在清光绪《漳州府志》卷四十记载:"罗汉寺,在漳浦威惠庙之东。"③这里的罗汉寺,很可能就是桂琛驻锡的寺院(但不能确定),也许是漳州开元寺的附院。

第四条,据《明觉聪禅师语录》卷八《福建邵武府安国禅寺语录》载:"……师到漳州开元寺腊八传戒……佛场乃唐时罗汉琛禅师肇建。山僧因业风所吹,寄锡于此。"④

第五条,据《明觉聪禅师语录》卷十八记:"夫龙蟠胜地,凤舞名川,漳水绕一刹之钟灵,琼基夺群峰之秀气。第开元寺者,漳郡首

---

① [明]智旭著:《灵峰蕅益大师宗论》卷八,《嘉兴藏》第 36 册,第 395 页下。
② [清]光绪《漳州府志》卷四十,《中国地方志集成》,上海:上海书店出版社,2000 年,第 956 页。
③ [清]光绪《漳州府志》卷四十,《中国地方志集成》,上海:上海书店出版社,2000 年,第 957 页。
④ [清]性聪撰述:《明觉聪禅师语录》卷八,《乾隆大藏经》第 158 册,第 118~119 页中。

刹，闽海名蓝，唐盛世之敕赐，罗汉琛之开创。"①

综合上面五条文献，第一条僧传文献交代桂琛驻锡漳浦罗汉院；第二、第四、第五条交代桂琛驻锡于开元寺；第三条文献交代漳浦确有罗汉寺（院），但描述非常简略，且没有交代建院的年代，因此不能确定是否就是桂琛驻锡的寺院。因此可以推测，桂琛禅师曾驻锡于今漳州漳浦县开元寺，或许开元寺有着下院罗汉寺（院）。漳浦开元寺作为"漳郡首刹，闽海名蓝，唐盛世之敕赐"，有很多下院是极有可能的。尽管如此，漳浦开元寺在会昌法难之后遭到毁灭性打击，破败不堪。根据蒋之奇诗"铜像何年铸，金身近代修。梁间余旧志，从愿刺南州"可知，开元寺在五代留从院任刺史时曾重修。②而桂琛去时正好是开元寺破败的时候，所以才出现"迁止罗汉院，破垣败簀，师处之恬如也"③的描述。另据《漳浦县志》卷二十六《庙宇》的序言如此描述：

漳浦为闽之极南地，去中州最远。凡宫室所既乏，宸章烦烂亦鲜碑枝流传。然而羽人遁迹，衲子栖真，清圣绝尘，溪山声色，斯不得以野寺荒台概弃之耳。④

引文道说了漳浦所在地之荒凉，远离文化中心中原（中州河南），是福建的最南面，接近岭南之地。所以桂琛来时的状况可想而知，正是所谓"城隈古寺门如死灰，（琛）道容清深"的真实写照。

漳浦罗汉院（或开元寺）是桂琛徙居于此传法的最后一站，直到后唐天成三年（928）回访福州旧地时为止。

---

① [清] 性聪撰述：《明觉聪禅师语录》卷十八，《乾隆大藏经》第158册，第280页上。
② 田丰：《漳州开元寺遗珍今何在》，《闽南日报》2015年6月23日。
③ [元] 觉岸撰：《释氏稽古略》卷三，《大正藏》第49册，第850页中。
④ [清] 陈汝咸修，林登虎纂：《漳浦县志》，康熙四十七年（1708）刊本，第172页。

8. 闽城旧址

天成三年（928）秋，桂琛行脚返回闽城旧地（包括地藏院），并再逐个参访福州城附近的寺院，然后是年圆寂。我们认为，闽城（福州）是桂琛向雪峰、师备参学的故地，也是他悟道的地方，同时在地藏院驻锡有十八年（一纪有半）左右，自然对这些地方怀有深厚的感情。同时在桂琛故地重游的寺院当中，除了地藏院外，估计还去了已经故去20年的老师玄沙生前所驻锡的安国寺（之前的玄沙寺）吧。另外，从常理上揣测，福州作为当时的禅学重镇，桂琛在临圆寂之际，回到此地，在情感上也颇有"叶落归根"之感了。令人惊异的是，在桂琛生命的最后一年，他从漳浦罗汉院（或开元寺）徒步行脚到福州地藏院，路程近400公里，对于他而言，应该是他生命中的最后一次修行了。他重新回到开启他智慧的地方，生命也在那里结束，这对于他而言，人生也算是有归宿了。

（二）桂琛禅师行脚游学、传法的时间

桂琛禅师行脚游学、传法的具体时间，遍查僧传、灯录等藏内文献，以及藏外文献，都没有明确记载，甚至就是一个谜团。即使是王荣国、谢重光两位先生对文益禅师参桂琛的年代部分做了非常细致地考证，但仍有很多问题没有解决。因此，要比较清晰地考证出桂琛在出家后到圆寂期间其游学、传法的时间，是非常困难的事。尽管如此，我们试图利用现存的有限资料，将尽量还原出桂琛一生主要阶段的游学传法、徙居的时间，下面将作分别论述。

1. 桂琛禅师驻锡万岁寺的时间

桂琛禅师驻锡衢州常山万岁寺的年代包括出家、受戒，以及离开万岁寺的时间点及其划分。根据《宋高僧传》十三记载：

> 既冠，继逾城之武，求师得解虎之俦，乃事本府万岁寺无相大师矣……于是誓访南宗，程仅万里……以天成三年戊子秋，(琛)复届闽城旧止(址)，遍玩近城梵宇。已俄示疾数日，安坐告终，春秋六十有二，僧腊四十。①

根据引文记载，可以得出以下一些信息：即桂琛天成三年(928)圆寂，世寿62(虚岁)，可知他出生于867年；"既冠"②出家，可知桂琛是在虚岁21出家万岁寺，时公元887年；僧腊③四十，可知桂琛是在出家的次年，即虚岁22时受具足戒。

以上的时间都很明确，问题的难度是桂琛是在何时离开万岁寺开始行脚访南宗的。由于没有具体的文献记载，所以只能另辟蹊径进行考察。根据"初登戒地例学毗尼，为众升台宣戒本毕"的描述，其中"毗尼"的意思是指律。根据《佛学大辞典》："Vinaya，新云毗奈耶。旧云毗尼，律藏之梵名也。《楞严经》曰：'严净毗尼，弘范三界。'疏曰：'毗尼，此云善治，亦即云律。'"④律藏经典大致就分为《十诵律》、《四分律》、《摩诃僧祇律》等典籍。因此，桂琛要想尽心学完律藏，则需要花去很多年时间，甚至有些律师穷其一生研究亦未完全攻克。此时的桂琛对于学习毗尼，由于

---

① [北宋]赞宁撰：《宋高僧传》卷十三，《大正藏》第50册，第786页下。
② 古时冠礼，是指在男子在满二十周岁而行的成人礼，但诸侯可以提前至十二岁。
③ 僧腊，又叫戒腊，指受戒之年数也。参见丁福保编：《佛学大辞典》，北京：文物出版社，1984年，第558页。
④ 丁福保编：《佛学大辞典》，北京：文物出版社，1984年，第793页。

他不感兴趣,所以他在万岁寺所待的时间应该并不算长。但具体情形又是怎样的呢?

根据《禅林僧宝传》卷四载:"禅师名桂琛,生李氏,常山人也。幼卓越,绝酒胾……年二十余,即剃发为大僧。"①可知桂琛确实是在满20周岁后才出家,而非虚岁20岁时出家的。我们研究发现,桂琛禅师是在21岁(887)进入万岁寺依无相大师出家,22虚岁(888)受具足戒。大概就在这一年,开始行脚向西游学参访南宗。同时在《禅林僧宝传》卷四后面说:"无相使习毗尼,一日为众升堂。宣戒本布萨已,乃曰:'持犯但律身而已,非真解脱也。依文作解,岂发圣乎!'一众愕然,琛顾笑,为无相,作礼辞去,无相不强。"虽然此处的描述颇具文学手法,但是我们从文献描述可以知道桂琛离开无相禅师时,无相还没有圆寂。所以桂琛离开万岁寺的时间必然是在无相大师圆寂之前。根据贯休的诗作《闻无相道人顺世五首》诗文:"石霜既顺世,吾师亦不住。杉桂有猩猩,秕糠无句句。土肥多孟蕨,道老如婴孺。莫比优昙花,斯人更难遇。"②诗文中说石霜禅师(807—888)顺世(指圆寂)时,贯休的老师无相道人(指的就是无相大师)也圆寂了。因此,我们能够推断,石霜禅师是与无相大师同在888年圆寂,正是桂琛离开无相大师的这一年。所以我们可以得知,桂琛禅师驻锡在万岁寺实际上不到两年,大致是在887年至888年间。因此我们判定,桂琛禅师是在888年离开万岁寺并进入江西境内,准备参云居道膺禅师。

2. 桂琛参访云居的时间

---

① [北宋]惠洪撰:《禅林僧宝传》卷四,《万字续藏》第79册,第500页上。
② 陆永峰著:《禅月集校注》,成都:巴蜀书社,2006年,第191页。

桂琛参学时期的江西云居山道场，是曹洞宗的祖庭。其时，曹洞云居道膺（853—902）正在云居寺宣法，"四方馈供千里风从"[1]，法席之盛，吸引着全国各地的宗徒参访，桂琛自然也是因此慕名前往。根据道膺禅师，实际是在唐天复二年（902）正月迁化，那么桂琛参访道膺的时间肯定会是在天复二年之前，这是桂琛参访云居的时间上限。而实际上，根据对桂琛离开万岁寺进入江西估计的时间约在888年左右，因而很可能就在这一年参访云居，然后在云居处住了一小段时间（初谒云居，后诣雪峰、玄沙两会，参讯勤恪），再离开道膺而去参访雪峰和玄沙。我们从"初谒云居"的措辞看，可以推测桂琛在云居处参学的时间也不长，我们估计大约也就一两年时间。但是毕竟没有具体文献参证，所以还需进一步发掘相关的文献资料。

根据以上论述，有一点是可以肯定的，即桂琛禅师行脚访问云居的时间至少是在唐天复二年（902）云居圆寂之前，而且很可能就是在888年或次年。关于他离开云居进入福建的时间，我们设定，桂琛可能大约是在公元890年进入福建的可能性是比较大的。由于没有文献支撑，其时间推测就只能是大致的估算了，而且必然是在888年至902年之间的时间，但是期间前后跨度有15年时间。根据后面的研究论述，我们估计，桂琛禅师大约是在890年进入福建的，是比较接近的推断。

3. 桂琛参访雪峰、玄沙的时间

根据上面的设定，桂琛禅师大约是在公元890年（估算）进入福建参雪峰和玄沙。此时的雪峰和玄沙实际上已经各有自己独立的宣法道场，根据前面提及的文献《雪峰义存禅师语录（真觉禅师语录）》卷二

---

[1] ［北宋］赞宁撰：《宋高僧传》卷十二，《大正藏》第50册，第781页中。

《雪峰真觉大师年谱》所载"中和元年辛丑,师年六十……是岁备头陀出世,住梅溪场普应寺,后迁玄沙"记载可知。至少从文献中,我们可以得出结论,即玄沙师备早在唐中和元年辛丑(881)就已经悟道了,并驻锡在福州梅溪普应寺,之后才迁居玄沙寺(院)。我们可以大致认为桂琛进入福建时,玄沙很可能已经离开梅溪普应寺,迁往玄沙山道场了。①

需要强调的是,玄沙在出道后除了驻锡普应寺、玄沙寺,如前文所述,玄沙在唐光化初(898)受王审知邀请,成为安国寺(原玄沙寺)的开山住持,一直到后唐开平三年(909)圆寂。而这里的安国寺的前身就是玄沙寺,只不过安国寺比起玄沙寺而言,前者属于官方赐额,是官方钦定的道场而已。

基于上面的论述不难推断,桂琛参访雪峰、玄沙的年代至少应该是从大约公元890年至唐天祐年间(904—907)为止。在此期间桂琛先是参访雪峰,然后再是向玄沙学习,直到悟道,花去了大约15年时间。然后在天祐年间玄沙迁化前离开安国寺,另辟道场在福州地藏院进行宣法,这种推论应该是比较合理的。②

4. 桂琛驻锡福州地藏院的时间

要探究桂琛禅师驻锡福州地藏院的年代,实际上是要考察他是何时入驻地藏院,又是什么时间离开地藏院的,在文献《宋高僧传》卷十三中只给出了"遂为故漳牧太原王公诚请,于闽城西石山建莲宫而止,驻

---

① 我们认为最主要的依据是,玄沙师备在普应寺住的时间应该很短,因为在玄沙师备的称谓中以"玄沙"命名,说明师备住在玄沙道场的时间是最长的,是占主要的。

② 在后面的研究论述中,我们发现,玄沙在圆寂前选继承人时,有迹象表明桂琛已经离开安国寺了,并由玄沙的另一高足慧球禅师继任安国寺住持。

锡一纪有半……后龙溪为军倅勤州太保琅琊公志请,于罗汉院为众宣法"的简单而笼统的描述。为此,我们先来考证他来闽城莲宫(地藏院)的大致时间。

根据前面所述,桂琛禅师被漳州牧王公(王潮之子王延虹)延请到新建地藏院的主要原因是他当时在玄沙师备处的名声就已经很大了,《景德传灯录》卷二十一《罗汉桂琛禅师传》描述他"玄沙每因诱迪学者流,出诸三昧,皆命师为助发。师虽处众韬晦,然声誉甚远"①的描述就可知晓。意思是说桂琛在迁居藏院之前时已经是玄沙宣法时的得力助手,他的佛学素养就已经很深了。耐人寻味的是,他在众参学弟子当中依然保持得很低调(处众韬晦)。尽管如此,他的名声还是传得很开,并在社会上的影响竟然很大(然声誉甚远),于是才出现了被当时的故漳州牧(王延虹)延请至地藏院宣法的逻辑表述。我们认为,桂琛离开玄沙寺时师备并没有圆寂,还在安国寺任住持。理由是玄沙在圆寂之前的弥留之际,桂琛应该已经不在安国寺了,而才出现他的同学同样是玄沙师备高足的慧球禅师在玄沙圆寂之后接替了安国寺住持一职。根据文献《教外别传》卷七《安国慧球禅师(传)》载:

> 福州安国院慧球寂照禅师,(亦曰中塔)泉州莆田人也,玄沙室中,参讯居首。因问:"如何是第一月?"玄沙曰:"用汝个月作么。"师从此悟入。梁开平二年,玄沙将示灭,闽帅王氏遣子至问疾,仍请密示继踵说法者谁?玄沙曰:"球子得。"王默记遗旨。乃问鼓山,卧龙法席,孰当其任?鼓山举城下宿德具道眼者,十有二人。至开堂日,官僚与僧侣俱会法筵,王忽问众曰:"谁是球上座?"于是众人指出师,

---

① [北宋]道原撰:《景德传灯录》卷二十一,《大正藏》第51册,第371页上。

王氏便请升座。①

很显然，上面这则文献是讨论玄沙师备在圆寂前安排安国寺的接班人事件。文中说在玄沙弥留之际，王审知亲自遣人询问玄沙师备谁能堪任他的继承人（继踵）问题，玄沙毫不犹豫的推荐慧球可以在他圆寂后作为安国寺的住持（球子得）人选。于是才有了在玄沙圆寂后在开堂日，王审知请慧球升座的后续事件。每当看到这则材料，我们不禁疑窦丛生，桂琛作为玄沙的"首席"法嗣弟子，在当时的地位很高，为什么不选他呢？而且甚至没有提到桂琛。关于桂琛在玄沙弟子中的地位，以及桂琛在玄沙弟子中的威信，可以从赞宁在《宋高僧传》卷十三《梁福州玄沙院师备传》中评价看到："备三十年演化，禅侣七百许人，得其法者，众推桂琛为神足矣。"②因此，关于安国寺继承人的选拔没有提到桂琛的原因只有一个，那就是此时的他已经离开安国寺了，被漳州牧王公延请到闽城西的地藏院（莲宫）宣法了。而桂琛离开玄沙的时间必然是在玄沙圆寂之前，即大约是在唐天祐年间（904—907），便是比较合理的推理了。至于具体是在那一年，根据他在地藏院所待的时间，大约应该是在905年了。③

接下来的问题是，桂琛禅师在地藏院驻锡了多长时间，不同的文献有多种说法，我们罗列如下：

《宋高僧传》卷十三载"驻锡一纪有半"，《景德传灯录》卷二十一

---

① ［明］黎眉等编：《教外别传》卷七，《万字续藏》第84册，第242页下。
② ［北宋］赞宁撰：《宋高僧传》卷十二，《大正藏》第50册，第786页上。
③ 参见下面关于桂琛在地藏院驻锡的时间考证。我们是根据《宗统编年》卷十八录："壬午……禅师文益造地藏阻雪悟道。"壬午年（922），桂琛还在地藏院。如果次年923年离开，减去在地藏院驻留的十八年时间（一纪有半），正好是905年桂琛进入地藏院，并详见下段的推论。参见［清］纪荫编撰：《宗统编年》卷十八，《万字续藏》第86册，第192～193页。

载"仅逾一纪后迁止漳州罗汉院"①,《禅林蒙求瑶林》卷一载"仅逾一纪"②,《高僧摘要》卷二载"驻锡一纪有半"③,《释氏稽古略》卷三载"住城西石山地藏十余年"④,《释氏通鉴》卷十二载"住城西石山地藏十余年"⑤,《禅林僧宝传》卷四载"住城西石山十余年"⑥,《指月录》卷二十一载"十余年迁止罗汉"⑦,《万松老人评唱天童觉和尚颂古从容庵录》卷一载"逾纪迁漳州罗汉"⑧。根据这里罗列的9条文献中对桂琛驻锡地藏院的时间记录,我们认为,晚出文献应该大多是对早先文献的抄录。关于"纪"的时间单位,《国语》卷十有"蓄养也十二年,岁星一周为一纪"⑨,一纪为十二年。至于纪还有其他的计时单位,但基本不符合上面罗列文献的时间纪年,我们不予考虑。因此,通过时间换算,在上面罗列的文献中,记载桂琛禅师驻锡地藏院的时间则有"十八年"、"超过十二年"、"十余年"的三种说法。根据语境,以最早出现的文献《宋高僧传》卷十三为参照,桂琛禅师在福州地藏院驻锡了大约十八年时间左右。那么,这个结论是否合理呢,我们在下面继续进行检验与考证。

根据《宗统编年》卷十七录:"庚辰年,禅师桂琛住地藏。"⑩这里

---

① [北宋]道原撰:《景德传灯录》卷二十一,《大正藏》第51册,第371页上。
② [金]志明撰:《禅林蒙求瑶林》卷一,《万字续藏》第87册,第54页中。
③ [清]徐昌治编辑:《高僧摘要》卷二,《万字续藏》第87册,第315页下。
④ [元]觉岸编:《释氏稽古略》卷三,《大正藏》第49册,第850页中。
⑤ [北宋]本觉编集:《释氏通鉴》卷十二,《万字续藏》第76册,第128页下。
⑥ [北宋]惠洪撰:《禅林僧宝传》卷四,《万字续藏》第79册,第500页中。
⑦ [明]瞿汝稷撰:《指月录》卷二十一,《万字续藏》第83册,第630页上。
⑧ [宋]正觉颂古,[元]行秀评唱:《万松老人评唱天童觉和尚颂古从容庵录》卷一,《大正藏》第48册,第234页下。
⑨ 《国语》卷十,《钦定文渊阁四库全书》。
⑩ [清]纪荫编撰:《宗统编年》卷十七,《万字续藏》第86册,第191页下。

的"庚辰"纪年指的是梁贞明六年(920),也就是说,直到920年,桂琛还驻锡在地藏院。另据《宗统编年》卷十八录:"壬午……禅师文益造地藏阻雪悟道。"①文献中说文益禅师在地藏院参桂琛的时间如果是壬午年,根据推算,壬午年正是梁龙德二年(922)。如果文益参学桂琛之后就离开地藏院,922年向前推十八年,则是唐天祐二年(905),与上文我们推断的桂琛离开玄沙到地藏院的时间大约是在天祐年间(904—907)的结论是基本吻合的。如果桂琛是在天祐间之后离开玄沙寺进入地藏院的,则正好是玄沙圆寂的时间或玄沙圆寂之后,则不符合上面的逻辑了。

综上所论,桂琛禅师是在唐天祐年间(904—907)玄沙圆寂之前的905年左右离开安国寺,移居福州地藏院的,并最晚在文益禅师在地藏院参他之后的后梁龙德二年(922)之后离开地藏院,迁止漳浦罗汉院的,他一共在福州地藏院驻锡了十八年左右时间。由此可以推定,桂琛在地藏院的年代大约是905年至922年间,这是目前我们认为较为合理的推断。

5. 桂琛驻锡罗汉院的时间

根据上面考证桂琛驻锡福州地藏院年代的结论,很自然就可以推断出桂琛驻锡漳浦罗汉院的时间,即大约在后梁龙德二年(922)至天成三年(928)之间。需要注意的是,谢重光先生罗列出一条材料证明了漳州罗汉院建成的时间,他是依据《闽书》卷二十八《方域志》中载:

(龙溪县)二十一都,图十。……山曰名第、铜钵、罗汉、尼姑、天宝、天公、员山……罗汉山。五代唐天成中,王延休憩此,忽闻异

---

① [清]纪荫编撰:《宗统编年》卷十八,《万字续藏》第86册,第192~193页。

香熏馥，得一龟，背有罗汉像。遂建寺，因以名山。①

谢重光先生认为此处的王延休（王潮之子）因得龟背有罗汉像而建寺之说，认为此寺是桂琛禅师驻锡的罗汉寺，且此寺建于天成中（926—929）。如果真是这样，那么桂琛所驻锡的罗汉院则应该是在天成中建成的新寺院了。而我们前面的论证桂琛早在923年左右就到罗汉院了，而且还是个破败不堪的景象，寺院呈现出"城隈古寺门如死灰"的面貌。明确地说，桂琛驻锡的罗汉院是古寺，又怎么可能是刚建成的新寺呢。故而上面引文中所建的寺庙不可能是桂琛在漳浦驻锡的罗汉寺，更何况，桂琛禅师驻锡的寺院是在漳州府漳浦县，而不是龙溪县。因此，上面罗列的《方域志》文献中涉及的罗汉寺与桂琛禅师驻锡的漳浦罗汉院可以说没有任何关联。后唐天成三年（928）初，桂琛离开漳浦罗汉院，折道北上，回到了福州他悟道和传法的旧地，并与是年秋圆寂，享年62岁，末帝谥号他为真应禅师。

根据上面桂琛禅师行脚徙居、参学传法的年代考证，可以得出结论，参见如下表2—2。

---

① ［明］何乔远撰：《闽书》第一册，福州：福建人民出版社，1994年，第668、671页。

表 2-2 桂琛禅师行脚徙居地参学传法的时间

徙居地	地域	年限	时长(年)	文献
常山(出家前)	浙江(衢州常山县)	867—887	20 年	赞宁撰《宋高僧传》卷十三、《禅林僧宝传》卷四、陆永峰著《禅月集校注》之《闻无相道人顺世五首》
万岁(寿)寺	衢州常山县	887—888	2 年左右	赞宁撰《宋高僧传》卷十三、《禅林僧宝传》卷四、陆永峰著《禅月集校注》之《闻无相道人顺世五首》
云居寺	江西	888—890 左右	2 年左右（估）	赞宁撰《宋高僧传》卷十二、卷十三
雪峰寺、玄沙寺①	福州	890 左右—天祐年间（904—907）或大约 890—905	15 年左右（估）	《雪峰义存禅师语录（真觉禅师语录）》卷二《雪峰真觉大师年谱》、《宋高僧传》卷十三、《宗统编年》卷十七、卷十八等
地藏院	福州	天祐年间（904—907）—922（左右）或大约 905—922	18 年左右	《宋高僧传》卷十三、《宗统编年》卷十七、卷十八等
罗汉院	漳州漳浦县	922 左右—928	6 年左右（估）	《宋高僧传》卷十三、《宗统编年》卷十七、卷十八等
闽城旧址	福州	928（同年十一月圆寂）	不足 1 年	《宋高僧传》卷十三

---

① 由于桂琛离开雪峰寺的时间不明，所以此处就把雪峰寺和玄沙寺合并在一起计算了。

从表2−2可以看出，桂琛禅师在常山驻留的时间，以及返回闽城旧址的时间，通过文献印证是可以比较清楚地得出结论的，但是他离开云居寺，在雪峰寺、玄沙寺驻锡的时间显得比较模糊，无法给出确切的答案。同样，他在福州地藏院、漳州罗汉院的时间跨度也只能是我们根据文献资料进行的大致估算，有一定的依据。因此，桂琛禅师的一生其行脚游学、参学弘法的时间考证，我们也只能给出这样大概的线索。这是目前桂琛禅师研究资料极度缺乏的客观局限性所导致的。

第三章 桂琛禅师的师承与同学

一、桂琛禅师的师承

根据赞宁《宋高僧传》及道原《景德传灯录》等文献资料，比较清晰的介绍了桂琛禅师参学、悟道的师承关系。据《宋高僧传》卷十三《后唐漳州罗汉院桂琛传》所载："求师得解虎之俦，乃事本府万岁寺无相大师矣。初登戒地，例学毗尼，为众升台宣戒本毕，将知志大，安拘之于小道乎！乃自诲曰：'持犯束身，非解脱也。依文作解，岂发圣乎？'于是誓访南宗，程仅万里。初谒云居，后诣雪峰、玄沙两会，参讯勤恪，良以嗣缘有在，得旨于宗一大师。"①根据文中叙述可知，桂琛禅师的老师主要有四个，分别是具有解虎之俦美称的无相大师、云居道膺禅师、雪峰义存禅师、玄沙师备禅师。以上四位老师的先后出场次序就是与桂琛所参学访师的逐个因缘际会。在下面的论述中，我

---

① [北宋]赞宁撰：《宋高僧传》卷十三，《大正藏》第50册，第786页下。

们将依次对曾经授业于桂琛的老师做出讨论,并交代桂琛禅师在玄沙师备处的悟道因缘。

(一)无相大师

无相大师(？—888),是桂琛出家修行的第一个业师。据文献描述,他有着"解虎之俦"的称誉。关于解虎的佛门典故,见于北宋成书《祖庭事苑》卷七《解虎锡》有云:

> 齐高僧稠禅师,在怀州王屋山习禅间,有虎斗。师往,以锡杖解之,虎遂各去。又昙询禅师因山行值二虎相斗,累时不歇。询乃执锡,分之以身,为嚮语曰:"同居林薮,计无大乖,幸各分路。"虎低头受命,饮气而散。
>
> 又《稠禅师磁州石刻》云:昔齐高欢帝时,稠隐于都之西北一百二十里,有桃源山定晋岩,岩下有寺曰"均庆"。其岩嵌空,高以覆寺。岩之中去地百许尺,危构一阁,以设禅榻,独木为梯,乃师平日宴寂之地。师一日闻涧下虎斗,经日不已。遂往以锡解之,后二虎常随师左右。师因有颂书于岩壁间云:"本自不求名,刚被名求我。岩前解二虎,障却第三果。"多引王屋者,由僧传也。①

我们知道,僧稠(480—560)是北齐时期著名高僧,善小乘禅法。引文中说他以禅法解二虎相斗,可谓拥有"伏虎罗汉"的神力。诚然,僧稠的解虎之能有着神异的叙事成分,但以无相大师俦以解虎之誉,亦可知晓他的佛法修习之深。通过翻检藏内文献,我们几乎没有找到有关无相大师片言只语的介绍。但我们在世俗文献中,唐代诗人

---

① [北宋]陈善卿编:《祖庭事苑》卷七,《万字续藏》第64册,第422页下。

罗隐（833—909）则有《赠无相禅师》诗一首涉及无相大师。诗云："人人尽道事空王，心里忙于市井忙。唯有马当山上客，死门生路两相忘。"①这是晚唐诗人罗隐与桂琛的老师无相禅师交往的文证。另据无相大师的弟子贯休（832—912）②作有六首诗涉及无相，其中一首是题壁诗《书无相道人庵》③（创作年代不详），另外五首是总题为《闻无相道人顺世五首》的悼亡诗，④这其中的第四首诗有"石霜既顺世，吾师亦不住"的句子描述。诗中提到的长沙石霜庆诸（807—888）禅师⑤已经圆寂了，贯休的老师无相大师也不在了。根据《宋高僧传》卷十三《后唐漳州罗汉院桂琛传》，以及第二章"桂琛在万岁寺的时间"一节中，桂琛投到无相大师的门下时间是887年，并在888年受了具足戒，可知在无相大师为桂琛受戒之后的那一年就圆寂了。据《禅林僧宝传》卷四载，桂琛"作礼辞去，无相不强"看。因为桂琛辞别无相时已经在888年，且受了具足戒，并且无相还在世，说明在桂琛离开万岁寺之后的那一年之后无相才圆寂，逻辑上才讲得通，对此前文已经作了论述。

另外，根据《禅林僧宝传》卷四中，称桂琛见"万寿寺无相律师"，"无相使习毗尼"，可见，桂琛在无相大师的门下主要是学习戒律。根据桂琛后来参云居、雪峰，随玄沙师备悟道的情况看，他几乎

---

① ［唐］罗隐著：《罗隐集》，雍文华校辑，北京：中华书局，1983年，第118页。
② 依据陆永峰《禅月集校注》，"贯休二十岁受具后，即入山依从无相道人，开始了十年的苦行。（参见陆永峰著：《禅月集校注》，成都：巴蜀书社，2006年，《前言》第2页）
③ 贯休《书无相道人庵》诗云：誼滑太茫茫，端居紫石房。心遗无句句，顶剃石霜霜。白麈眠枯叶，红泉洒毳囊。寄言疑未决，须到雪溪旁。参见陆永峰著：《禅月集校注》，成都：巴蜀书社，2006年，第250页。
④ 陆永峰著：《禅月集校注》，成都：巴蜀书社，2006年，第190～191页。
⑤ ［北宋］赞宁撰《宋高僧传》卷十二，［北宋］道原撰《景德传灯录》卷十有传。

没有受到无相大师律学的影响,更何况他在万岁寺驻锡的时间两年不到,时间很短,然后就匆匆离开了。

实际情况是,在桂琛时代,禅宗发展兴盛,特别是南宗。南宗的特点大多是鄙弃拘身的戒律,主要是以通过师徒之间的机锋对话,以及日常的生活修行来获得顿悟。因此,对于同样厌习戒律的桂琛,应该在这方面没有受到无相大师的影响。但是,从另一方面看,无相大师的佛学修为应该是很丰富的(具有解虎之俦的美誉),绝不仅仅只是在戒律方面的修为。我们推测,桂琛在禅学上的一些修习应该还是从无相大师的身上获得一些影响。但是,由于没有文献记载,这就只能是推测了。

(二)云居道膺禅师

桂琛禅师离开常山万岁寺之后,一路向西,进入江西参访当时的曹洞宗祖庭云居山。那个时候,云居山正是曹洞二祖道膺禅师(? —902)的道场。关于道膺的生平资料,在《宋高僧传》卷十二《唐洪州云居山道膺传》云:

> 释道膺,姓王氏,蓟门玉田人也。生而特异,神彩朗然,处于童卯,崆峒禀气。宿心拔俗,争离火宅之门,拭目寻师,遂摄锻金之子。师授经法,诵彻复求,年偶蹉跎,二十五方于范阳延寿寺受具足戒,乃令习声闻律仪。膺叹曰:"大丈夫可为桎梏所拘邪!"由是拥线衲振锡环,萃翠微山问道,三载宴居。忽睹二使者,冠服颇异,勉膺曰:"胡弗南方参知识邪。"未几,有僧自豫章至,盛称洞上禅师言要,膺感动神机,遂专造焉。如是洞上垂接,复能领会,曾问曰:"我闻思大禅师向

倭国为王，虚耶实耶？"对曰："若是思，师佛亦不作，况国王乎！"自尔洞上印许。初住三峰，后就云居提唱。时唐之季钟氏，据有洪井倾委信诚，每一延请入州，则预洁甘子堂以礼之。乃表于昭宗，赐紫袈裟一副并师号焉，都不留意。所化之徒，寒暑相交，不下一千余众。牛头香树围遶者皆是栴檀，金翅鸟王轩翔者不齐尺鷃。四方馈供，千里风从，如荆南帅成汭，遣赍檀施，动盈巨万。以天复元年辛酉秋示疾，至明年正月三日而化焉。豫章南平王钟氏供其丧葬，时诸道禅子，各依乡土所尚者，随灵龛到处列花树帐幔粉面之馔，谓之"卓祭"。一期凶礼之盛勿过于时也狞欤！膺出世度人满足三十年，遗爱可知也。①

从上面的《道膺传》文可知，道膺圆寂于唐天复二年（902）正月。但是文献中没有交代其僧腊年数，只知其 25 岁受具足戒，然后弃律行脚参禅。在翠微山宴居三年，然后参洞山良介（807—869）禅师悟道。悟道后初住三峰（庵），后移居云居山道场，直到圆寂，传法满三十年。如果按以上事实倒推，道膺有三十年传法，加上翠微山宴居三年，再加上受具足戒之前的二十五年，足五十八年时间，至少他出生时间应该是在公元 844 年之前。由于不知道他在洞山良介处学习了几年，所以他的出生时间难以得知。

根据文献介绍，道膺在云居时名声很大，从"寒暑相交，不下一千余众，牛头香树围绕者皆是栴檀，金翅鸟王轩翔者不齐尺鷃，四方馈供，千里风从"的描述可知当时道膺法席的盛况。作为当时正在常山万岁寺学律的桂琛，不可能没有耳闻。从上面传记的描述，我们发现道膺和桂琛都有个共同点，即是受戒之后都是学律，然后都是以律为拘

---

① ［北宋］赞宁撰：《宋高僧传》卷十二，《大正藏》第 50 册，第 781 页中。

身桎梏,从而弃律参禅并悟道的。翻检僧史和灯录等文献,我们发现在众多悟道的禅僧中,弃律从禅的例子不少。这说明,初唐以来的佛教修习传统以学律为离尘的基本修持方法,在禅宗发展中已经逐渐淡化和衰落,取而代之的是晚唐、五代以降以无视权威、不着文字、以心传心的南宗禅风风靡朝野。因此,桂琛时代的佛教禅宗风气,自然影响到了他的学习。

从桂琛禅师的生平传记看,只知他初谒云居,参训勤恪,说明他应该在云居身边住了一段时间,而文献没有记载他在云居处的学习内容。一方面,禅宗作为以顿悟为法门的学习方式,任何参训都是积累,只需等待因缘成熟,自然瓜熟蒂落而悟道。另一方面,或许某一禅师的教学方法和接引学人的方式并不适合某一学僧,因此出现很多学习几十年而未悟道的禅僧比比皆是。典型的例子如雪峰的弟子长庆慧棱"如是亲依,不下峰顶计三十许载"①,最终才悟道出山。因此,我们可以说桂琛在云居身边的两年其悟道的因缘还远未成熟,这是他离开云居转而向雪峰、玄沙学习的主要原因。

基于此,我们可以这么认为,云居道膺作为与雪峰同为青原一系下的分脉法嗣传承人,是桂琛禅师行脚参禅的第一个真正意义上的禅宗业师(无相仅是学律而已),这为他后来的参学悟道做好了铺垫。但是,我们通过检视藏内外所有文献,也没有翻检到有关云居道膺和桂琛禅师之间的机锋对话记录,对于研究云居对桂琛的禅学影响,这不能不说是个遗憾。从另一个角度看,云居道膺作为当时闻名遐迩的禅学宗师,他的接引宗风或许对桂琛禅师产生了一些影响,只是和雪峰义存一样,

---

① [北宋]赞宁撰:《宋高僧传》卷十三,《大正藏》第50册,第787页上。

没有能让桂琛禅师开悟而已,这是南宗以顿悟法门为要的禅门学习方法决定的。或者说,桂琛在道膺处的悟道因缘还没有成熟,直到受到玄沙师备的点拨为止,方才得道解脱了。

(三)雪峰义存禅师

桂琛在云居处参学悟道未果,转道东南,翻越武夷山脉,进入王潮、审知兄弟割据的闽中,转投到雪峰义存(822—908)门下。桂琛在参讯雪峰期间,仍然很勤奋。关于雪峰义存的禅风,根据赞宁在《宋高僧传》卷十二《唐福州雪峰广福院义存传》中的文字对雪峰评价道:

> 雪峰道也,恢廓乎骏奔四海,学人所出门生,形色不类,何邪!……今江表多尚斯学。此学虚通无系了达,逍遥勿拘,知乘急也!雪峰化众,切乎杜默禅坐,知戒急也!其能各舍一缓以成一全,则可乎![1]

从上面赞宁对雪峰的禅风评价,可知雪峰的学生形色各异。他的教学方法也是典型禅宗式的,自由式的启发学生的潜能,拒绝北宗式的默坐禅修。应该说,桂琛在雪峰身边的几年应该是受到了这方面的熏陶,我们从雪峰的门人对桂琛的评价就可以看出一些端倪。如据《禅林僧宝传》卷四《桂琛传》云:

> (琛)初谒雪峰存公,不大发明。又事玄沙,遂臻其奥,与慧球者齐名,号二大士。琛能秘重大法,痛自韬晦,然丛林指目,以为雪峰法道之所寄也。[2]

---

[1] [北宋]赞宁撰:《宋高僧传》卷十三,《大正藏》第50册,第782页下。
[2] [北宋]惠洪撰:《禅林僧宝传》卷四,《万字续藏》第79册,第500页上。

根据上面引文可知，桂琛的禅风，实际上是受到了雪峰义存的影响，至少禅林内的舆论是这么认为的，即所谓"然丛林指目以为（琛）雪峰法道之所寄也"，这就是证明。另据《新修科分六学僧传》卷八《唐桂琛传》中所载："琛无恙时，鼓山神晏尤见重于王氏，以他事胁令舍玄沙嗣雪峰，琛终不变"①。从这里可知，神晏禅师胁迫桂琛改嗣的要求，并非全无道理和空穴来风，说明桂琛的禅法实际上确有雪峰的教益所在，并受到了雪峰的影响无疑。论述到此，这就涉及禅门关于改嗣的问题。

关于禅门中改嗣转嗣的例子比较常见，诸如《僧宝正续传》卷二《智海勤禅师》中载：

> 常闻慈受禅师初出世真州资福，嗣法净照禅师。俄退席，寓蒋山。佛鉴会中，聆其夜参所举，皆平昔未谕，心因异之。忽一夕，于佛鉴言下大悟，即欲炷香，改嗣佛鉴。佛鉴深却之，不许。於戏！曷有末代欺世负官，以院易嗣，奉金请拂者，曾佛鉴奴之非若也。②

引文中慈受禅师最初嗣法净照禅师，但是中途退出净照法嗣，徙居蒋山③。后来在佛鉴禅师处悟道，于是打算改嗣佛鉴，但是遭到拒绝。可见在禅门中，法嗣的传承并非是以悟道师为承嗣，其间可能涉及很多纠葛。这样的例子还有，如《续灯存稿》卷七："大觉泰定叟也，皇庆间，瞿运使霆发屡请师（杭州天目中峰明本禅师）住大觉。师力辞，举定叟应命。叟尝历职于开先一山万和尚会中，后复参师，及出世，

---

① ［元］昙噩述：《新修科分六学僧传》卷八，《万字续藏》第77册，第143页上。
② ［宋］祖琇撰：《僧宝正续传》卷二，《万字续藏》第79册，第565页上。
③ 蒋山，即钟山，又名紫金山，在今江苏省南京市东北。汉末有秣陵尉蒋子文逐盗于此，三国吴孙权为他立庙于钟山，改称为蒋山。参见《初学记》卷八，《丹阳记》。

欲改嗣师。师以是书却之，令嗣一山。"①文献中的定叟禅师想改嗣杭州天目中峰明本禅师，同样是遭到拒绝。但也有改嗣成功的例子，如《宗门拈古汇集》卷四十五中记载，凝然禅师改嗣西京少室俱空契斌禅师就获得了认可。②关于转嗣、改嗣的例子，在藏内文献中还有一些，此处不作繁举。

　　总之，桂琛禅师陷入法嗣转改风波，或许实有他不得已的苦衷，最后不得不因此而出走地藏院，迁往罗汉寺，这是事实。从另一个方面看，桂琛的禅学修为着实受到雪峰的影响，这也是毫无疑问的。以上是我们从侧面的角度来考证桂琛禅师与雪峰禅学之间的渊源关系而进行的分析。同时，我们在有关雪峰的传文、语录等文献中，并没有发现桂琛参学雪峰的哪怕片言只语的文字记录，这里面可能有更深层次的原因吧。据我们考证，这个原因也许是因为桂琛"深重秘法"、"密行数载，处众韬藏"的行为有关，即是他有可能是继承了玄沙的另一套秘密禅法的原因。这里面就涉及雪峰僧团内部之间的利益纠葛问题，或许是关系到雪峰道场与玄沙道场之间的竞争现实。根据文献记载，玄沙悟道脱离雪峰道场后，在玄沙山建立的道场声誉日隆，逐渐超过了雪峰道场，很多求学的禅僧也是在两个道场之间来回学习和参访，这是当时的事实。③

　　但无论如何，雪峰是桂琛参学生涯中的第二个重要的老师，而且下面即将介绍桂琛的得法老师玄沙师备，则是雪峰的同学兼及第一嗣法弟

---

① [明]通问编：《续灯存稿》卷七，《万字续藏》第84册，第728页中。
② [清]集云堂编：《宗门拈古汇集》卷四十五，《万字续藏》第66册，第264页上。
③ 参见徐晓望著：《闽国史》，台北：五南图书出版社，1997年。

子。从这个层面上看，桂琛与雪峰之间的关系亦是有很深的因缘，具有法脉上的传承关系。

(三) 玄沙师备与桂琛的悟道因缘

在这一小节中，我们将从两个方面分别展开讨论：其一，简述玄沙师备其人其学；其二，讨论桂琛在师备处的悟道因缘。

1. 玄沙师备其人其学

僧传有语云桂琛"良以嗣缘有在，得旨于宗一大师"，也就是说，桂琛开悟的因缘是在宗一大师（玄沙师备）这里。关于玄沙师备的生平，《宋高僧传》卷十三《梁福州玄沙师备传》载：

> 释师备，俗姓谢，闽人也。少而憨黠，酷好垂钓，往往泛小艇南台江自娱。其舟若虚，同类不我测也。一日，忽发出尘意，投钓弃舟，上芙蓉山出家，咸通初年也。后于豫章开元寺具戒，还归故里，山门力役，无不率先，布衲添麻，芒鞋续草，减食而食，语默有常，人咸畏之。汪汪大度，虽研桑巧计不能量也。备同学法兄则雪峰存师也，一再相逢，存多许与，故目之为备头陀焉。有日谑之曰："头陀何不遍参去？"备对曰："达摩不来东土，二祖不往西天。"存深器重之。先开荒雪峰，备多率力。王氏始有闽土，奏赐紫衣，号"宗一大师"，以开平二年戊辰十一月二十七日示疾而终，春秋七十四，僧腊四十四，闽越忠懿王王氏树塔。备三十年演化，禅侣七百许人，得其法者，众推桂琛为神足矣！至今浙之左右山门盛传此宗，法嗣繁衍矣。其于建立，透过大乘初门，江表学人无不乘风偃草欤。①

---

① ［北宋］赞宁撰：《宋高僧传》卷十三，《大正藏》第50册，第785～786页。

玄沙师备是福州人，30岁出家。在受完具足戒后回到故里，从描述"山门力役，无不率先，布衲添麻，芒鞋续草，减食而食，语默有常"等语看，玄沙师备奉行的是苦行，故而雪峰称之为"备头陀"。他一反当时丛林喜好行脚参禅的常态，不喜欢行脚游学，认为这无助于他悟道，并以"达摩不来东土，二祖不往西天"的理由回答他的老师雪峰，并深受雪峰称许。从实际情况看，玄沙师备与雪峰义存既有同学关系，同时也是师生关系，二人在王审知据闽时期均深受器重。玄沙师备曾获赐朝廷紫衣，并获赐号"宗一大师"。玄沙圆寂后，闽越忠懿王（审知）为其树塔纪念，桂琛被认定为是他的神足（最杰出的弟子）。诸上种种，都说明了玄沙在僧俗二界的崇高地位。另外，在赞宁《宋高僧传》卷十二《唐福州雪峰广福院义存传》中还说："玄沙乘楞严而入道，识见天殊，其犹谚曰青成蓝，蓝谢青，师何尝在明经，故有过师之说。一则雪峰自述《塔铭》：'已尽其致也，一则玄沙安立三句决择群见，极成洞过欤！'"①根据引文中的评价，认为玄沙的才能已经超过他的老师雪峰义存（雪峰的过谦之词），而且在雪峰自述的《塔铭》中也认为，玄沙对禅法的参悟已经达到极致，特别是玄沙的"安立三句抉择"，已经具有极深的洞见。由此可见雪峰对玄沙的评价之高。

关于师备出家前的身份，另据《福建高僧传》载："又一说，备信姚，夫业渔，坠水而死，因弃废。"②文献中道出了师备出家前从事渔业工作，因差点坠水死亡，于是放弃了辛苦的渔业（而出家）。实际上这里的描述与《宋高僧传》卷十三中的《师备传》有一定的关联。据

---

① ［北宋］赞宁撰：《宋高僧传》卷十三，《大正藏》第50册，第782页下。
② 沈瑜庆等撰：《福建通志》，《福建高僧传》卷一，《玄沙师备传》，第15页。

徐晓望先生的考证，玄沙师备实际上是出生于当时的福建蛋家族。①关于蛋家族的来源，据《广东通志》卷五十七载：

　　蛋户者，其种不可考。以舟楫为家，捕鱼为业。晋时不宾服者五万余户，自唐以来，计丁输粮。明洪武初，编户立里长，属河泊所，岁收鱼课。东莞增城、新会香山，以至惠潮尤多。雷琼则少，愚蠢不谙文字，不记年岁，土人目为蛋家。不与通婚，亦不许陆居，朝夕惟局蹐舟中。所得鱼仅充一饱，男女衣不盖肤。②

从以上文字对蛋家人的描述可见，蛋家人以渔为业，"所得鱼仅充一饱，男女衣不盖肤，"生活的艰难可想而知。当地土人不与蛋家人通婚，不许蛋家人陆居，"朝夕惟局（居）蹐舟中，舟楫为家，可见蛋家族在当时当地的社会地位是很低的。另外，文中说蛋家人"愚蠢不谙文字，不记年岁"，说明蛋家部族的文明程度很低，更别说接受汉式教育了。综合以上种种，作为蛋家出生的玄沙师备，其内心的苦楚可想而知，其修行中的头陀行为也就可以理解了。对于开放的禅宗丛林，视众生平等的佛教禅门，无疑是玄沙师备改变其社会身份的一个不错选择。

对玄沙师备禅师禅学思想的了解，进而认识桂琛的禅法具有重要裨益。检视整个藏内文献，玄沙师备的禅学思想主要呈现在灯录、颂诗、语录、机锋应答等文献中。通过对这些文献的阅读，大致可以认识到玄沙的禅法圭臬。在下面的讨论中，拣其扼要，进行基本阐述。

其一，"达摩不来东土，二祖不往西天"。这句话是雪峰问玄沙为

---

① 徐晓望著：《闽国史》，台北：五南图书出版社，1997年，第184页。
② 《广东通志》卷五十七。

何不外出游历参学时，玄沙回答雪峰的一句话。在唐末五代游学参禅成风的时代，很多禅僧把游学作为一种参禅的主要方式，并蔚然成风，而且很多禅僧的行脚游历甚至是盲目的。玄沙认为，参禅并非一定需要经过游历。正如《圆悟佛果禅师语录》卷七所参举的那样："记得神鼎山諲禅师开堂示众云：'山僧行脚，也无正因，只待向东京城里听一两本经论，于古寺闲房且怎么过时。'"①圆悟克勤借神鼎山諲禅师之口，对一些禅僧的行脚目的提出了批评，同时也反映了当时一些禅僧盲目行脚参学的现象。应该说，玄沙师备是看到了当时禅僧这些行脚弊端的。因此，他才认为参禅与行脚之间没有必然的因果关系，甚至开悟也不一定需要通过行脚游学也能达到目的。

其二，阅《楞严经》发明心地。需要指出的是，禅宗通过在唐末五代时期的高度发展，是伴随着南宗的"不立文字"、"以心传心"的观念而深植于禅众的心地。多数禅僧更是认为经文是悟道的障碍，而玄沙则因读《楞严经》而发明心要，说他"由是应机敏捷，与修多罗冥契，诸方玄学有所未决，必从之请益。至若与雪峰和尚征诘，亦当仁不让"②，可见他对《楞严经》的证悟之深。关于对《楞严经》的认识，赖永海先生认为："《楞严经》则是一部对中国佛教之禅、净、律、密、教都有着广泛而深刻影响的大乘经典。该经虽有真、伪之争，但内容十分宏富，思想体系严密，几乎把大乘佛教所有重要理论都囊括其中，故自问世后，就广泛流行。该经以理、行、果为框架，谓一切众生都有'菩提妙明元心'，但因不明白自心清净，故流转生死。如能修禅

---

① [宋]绍隆等编：《圆悟佛果禅师语录》卷七，《大正藏》第47册，第742页下。
② [北宋]道原撰：《景德传灯录》卷十八，《大正藏》第51册，第344页上。

证道,即可成就无上正等正觉。这一思想对中国佛教的各宗各派都产生了极其深刻的影响。"①从这些观点来看《楞严经》,一方面,可以知道玄沙的禅学思想实际上是很复杂的,其禅学思想的构成也是多方面的。从另一方面来分析,玄沙以修苦行、好默坐等行为方式,也与南宗的参禅悟道方法有所差异。因此,玄沙的一些禅法和心性必然会影响到桂琛的证悟与修行。

其三,关于"三种病人"的公案。有关"三种病人"的公案,在玄沙师备的禅宗语录等文献中多处出现,可以说是玄沙接引学人的重要方式之一。所谓"三种病人"的公案,在《禅宗颂古联珠通集》卷三十一云:

> 福州玄沙师备禅师(嗣雪峰)示众曰:"诸方老宿尽道接物利生,且问汝,只如盲聋痖三种病人,汝作么生接?若拈锤竖拂,他眼且不见。与共他说话,耳又不闻,口复痖。若接不得,佛法尽无灵验。时有僧出曰:"三种病人和尚还许人商量否?"师曰:"许。"(僧问):"汝作么生商量?"其僧珍重出。师曰:"不是、不是。"②

实际上,引文中关于"三种病人"的公案是针对禅僧参禅中六根识中的"眼根识"、"耳根识"、"舌根识"等妄意摄取"色尘"、"声尘"等"无明"的意识行为。有些禅僧为了不受外尘干扰,刻意无视诸尘的"存在"。玄沙在接引学人方面着意从这三个方面来治禅僧虚妄的否定根尘"存在"而着了恶趣"空"相,陷入"断空"的法执。关于"三种

---

① 赖永海主编:《佛教十三经·总序》,尚荣译注:《坛经》,北京:中华书局,2010年,第5页。
② [宋]法应集:《禅宗颂古连珠通集》卷三十一,《万字续藏》第65册,第669页上。

病人",公案中的接引方法,在后来的桂琛和文益禅师在接引学人过程中也经常用到,这不能不说是直接继承了玄沙师备的禅学思想并进行的禅法实践。

其四,玄沙师备颂诗中的禅学思想。 在《景德传灯录》卷二十九中,录有玄沙师备颂诗三首,现录于下:

玄沙游径别,时人切须知。三冬阳气盛,六月降霜时。有语非关舌,无言切要辞。会我最后句,出世少人知。

奇哉一灵叟,那顿许哊哊(音兜)。风起引簦篌,迷子争头凑。设使总不是,虾蟆大张口。开口不开口,终是犯灵叟。欲识个中意,南星真北斗。

万里神光顶后相,没顶之时何处望。事已成意亦休,此个从来触处周。智者聊闻猛提取,莫待须臾失却头。①

禅宗颂诗,是禅僧艺术性地表达其禅法的文字善巧与方便,借以接引学人从"文字禅"悟入。 在上面录入的玄沙师备的三首颂诗中,第一首颂诗以四季阴阳相长的自然规律说明诸法万相如如,有语言和无语言都无关根尘的存在(万物是唯心所现)。 第二首颂诗指人世间的诸客尘容易引起众生的妄意摄取而产生颠倒的无明之见,颠倒的无明之见无论说与不说都是妄见。 第三首颂诗言外之意是如果众生以着我相来对待万法诸相,即使以"无我"来看待,同样是着无我、着"空"相,而是没有顿悟到禅宗的不二法门精髓。 所以禅宗的顿悟法门是如何在刹那间获得对世间诸相、宇宙万物如如法门的"缘起性空"的内在体悟。 这就是学人一生修禅的课题,顿悟到了,则跳出轮回,就摆脱生死根本

---

① [北宋]道原撰:《景德传灯录》卷二十九,《大正藏》第51册,第453页中。

之门了。

除以上我们罗列之外,玄沙师备的大量禅学思想还体现在其接引学人的"语录"中。总之,从玄沙师备的禅法理念中,可以得知桂琛是如何受到了老师的影响,这在下面关于桂琛在玄沙处的悟道因缘中可以得到证明和体现,是不争的事实。

2. 桂琛在玄沙处的悟道因缘

桂琛在云居道膺、雪峰义存处参学虽然都很勤奋,但仍然没有开悟。而是到了玄沙师备处,才"良以嗣缘有在,得旨于宗一大师,明暗色空廓然无惑"。① 也就是说,禅宗的悟道是要讲因缘的,只有时机到了,黑漆桶底才会爆声脱落。② 应该说,桂琛在悟道之前,在无相大师(道人)、云居道膺、雪峰义存处就有了很多禅学方面的积累,只不过是还没有因缘触发悟道而已。 关于禅宗的悟道机缘,诸如灵云志勤禅师有"见桃花悟道"的公案,非常著名。 据《汾阳无德禅师语录》卷二云:

灵云见桃花悟道,有颂:"三十年来寻剑客,几回叶落又抽枝。自从一见桃花后,直至如今更不疑。"举似玄沙,沙云:"谛当,甚谛当,敢保老兄未彻在。昔日灵云自有知,桃花已落布华夷。寰中拔剑当锋者,未彻横身斩万机。"③

---

① [北宋]赞宁撰:《宋高僧传》卷十三,《大正藏》第50册,第786页下。
② 按:禅宗术语"黑漆桶",比喻无明之坚厚。黑漆桶底爆声脱落,比喻瞬间打破无明,获得顿悟。诸如《般若心经批注》卷一:"生死大事忽朝爆地一声,脱下漆桶底便见本来面目。"(《万字续藏》第26册,第955页上。)另《碧岩录》第一则评唱引五祖禅师之语曰:"与他打破漆桶。"《碧岩录种电钞》一曰:"楞伽云:'人旷劫无明,结习胶固。恰如贮漆之桶,黑洞洞地不明也.'"(参见丁福保《佛学大辞典》,北京:文物出版社,1984年,第1073页。)
③ [北宋]楚圆集:《汾阳无德禅师语录》卷二,《大正藏》第47册,第609页上。

　　沩山灵佑的法嗣弟子灵云志勤禅师①在行脚参禅的三十年中，也曾在雪峰处参学，亦未悟道。一日，灵云在沩山处突然观桃花而悟道，而成为沩山灵佑的法嗣弟子，这就是悟道因缘了，不同的人因人而异。引文中玄沙对灵云禅师的悟道因缘也非常认可，肯定其"谛当甚谛当"。由此可见，禅宗的悟道是特别讲时机因缘的，悟道的时机与因缘也是可遇而不可求的，桂琛的悟道情况同样是如此。在目前的文献中，我们没有找到关于他和无相大师、云居道膺和雪峰义存之间有关佛学、机锋应答的记录，因此也就很难窥知桂琛禅师在玄沙师备处悟道之前的学习情况。唯一知道的是他在无相大师处学毗尼（律），时间也非常短（不到两年），然后就离开万岁寺了。因此，下面对于考察桂琛在师备处的悟道机缘就显得至关重要。

　　桂琛在师备处的悟道机缘主要体现在师备在接引桂琛时的机锋应答记录中，其中就有"椅子与竹木"禅宗公案。据《五灯会元》卷八记载：

　　　　（桂琛）初谒云居雪峰，参讯勤恪，然犹未有所见。后造玄沙，一言启发，廓尔无惑。沙问："三界唯心，汝作么生会？"师指倚（椅）子曰："和尚唤这个作甚么？"曰："倚（椅）子。"师曰："和尚不会三界唯心。"曰："我唤这个作竹木，汝唤作甚么？"师曰："桂琛亦唤作竹木。"曰："尽大地觅一个会佛法底人不可得。"师自尔愈加激励。②

　　引文中先是交代桂琛禅师在云居、雪峰处虽然参训勤恪，但"然犹

---

①　[北宋]道原撰：《景德传灯录》卷十一："福州灵云志勤禅师，本州岛长溪人也。初在沩山因桃华悟道。"（《大正藏》第51册，第285页上。）

②　[南宋]普济集：《五灯会元》卷八，《万字续藏》第80册，第166页上。同在[北宋]道原撰：《景德传灯录》卷二十一有录。

未有所见",后来在玄沙处悟道的因缘成熟,一言启发获得开悟。 这样的开悟方式是典型的南宗参学特色,与北宗倡导的靠宴坐、默语渐修悟道的传统方式迥异。① 接下来,玄沙开始接引桂琛,问他理解"三界唯心"的意思。 前文我们提到,玄沙对《楞严经》很有心得,而且是这方面的专家,因而以"三界唯心"来分析桂琛。 关于"三界唯心"的概念,据《首楞严义疏注经》(下文简称《义疏》)卷十云:

> 于十方界,已获其同,精色不沉,发现幽秘,此则名为识阴区宇。既知识是生类元由,故十方界依之与正,皆识所变,同一识体。斯则三界,唯心万法唯识。②

以上是对"三界唯心"的注疏解释。 关于对"三界唯心"的权威诠释,在原典《楞严经》(全称《大佛顶如来密因修证了义诸菩萨万行首楞严经》)卷三有云:

> 尔时,阿难及诸大众蒙佛如来微妙开示,身心荡然得无挂碍。 是诸大众,各各自知心遍十方,见十方空如观掌中所持叶物。 一切世间诸所有物,皆即菩提妙明元心,心精遍圆含裹十方。③

根据上面《义疏》和《首楞严》中对"三界唯心"的理解,意思是说十方世界皆是心所变现。 观物为实,皆是心识虚妄所致。 按禅宗的话说,就是因着相而坠无明。 这里的着相,包括文字(概念)和客尘(六尘)。 这就是玄沙在接引桂琛时想考查一下他对佛学的基本认识。

---

① 前文提到,玄沙也好宴坐、默语、行头陀,说明玄沙的禅法体系略微带有北方的特色,这在后文还有阐述。
② [北宋]子璿集:《首楞严义疏注经》卷十,《大正藏》第39册,第961页上。
③ [唐]般剌蜜帝译:《大佛顶如来密因修证了义诸菩萨万行首楞严经》卷三,《大正藏》第19册,第119页中。

接下来，桂琛没有正面回答玄沙的提问，而是指着"椅子"反问玄沙师备"和尚唤作什么"。从这一禅语机锋反问，可知桂琛也是在试探老师玄沙的禅学水平。玄沙回答说是"椅子"，桂琛从玄沙"椅子"的回答中认为玄沙是着了相（但是他不确定玄沙所指是否是虚幻不实的假名"椅子"之假有），因而桂琛说玄沙"不会三界唯心"。玄沙自然明白桂琛的意思，为了进一步接引诱导桂琛，于是说"椅子"之实性"竹木"，因为他知道桂琛的本意就是指"椅子"的实性"竹木"，故而反问桂琛唤椅子作什么。当桂琛回答是椅子是"竹木"时，这就着了椅子之实相了。所以玄沙才感叹"尽大地觅一个会佛法底人不可得"，带有抱怨的意味。实际上，从唯识三性理论角度看，概念"椅子"是指人们对语言文字概念的执着，是"遍计所执性"，是"假名"；现象"椅子"是因缘和合，需要诸多条件才能合成，这是"依他起性"，是"幻有"。椅子的材料"竹木"是椅子的"圆成实性"，是"妙有"。这三性当中以"依他起性"为中心，没有了椅子的"依他起性"做参照，人的心识中也就没有了所谓概念椅子的"遍计所执性"和椅子材料的"圆成实性"了。所以"椅子"的这三性是不可分割的整体，只有透彻的领悟了椅子三性，才能算领悟了佛法中所谓的诸法"实相"。很显然，作为宗师的玄沙是从椅子的三性进行整体把握的，而桂琛则仅仅只是意识到了椅子的"圆成实性"而已，割裂了"圆成实性"与"依他起性"、"遍计所执性"之间的不二关系，从而落入"妄想"执着。为了更好地理解这三性，佛教中有一典型的"以绳喻蛇"的譬喻，在《楞严经集注》卷五有云：

　　昔贤有颂曰："白日看绳绳是麻，夜里看绳绳是蛇。麻上生绳犹是妄,那堪绳上更生蛇。"麻绳蛇境也,蛇喻遍计性,绳喻依他性,麻喻圆成实性。本只麻耳,愚迷不了以麻为绳,抑又不了以绳为蛇。依他执我,遍超我计,我本性空圆成一实。①

根据上面的引文,如果在桂琛看来,他只承认"麻"的存在,而否定绳和蛇的存在。玄沙是研究《楞严经》的专家,显然也很熟悉"以绳喻蛇"的典故,这就是玄沙对桂琛的接引诱导教学了。当玄沙感叹"尽大地觅一个会佛法底人不可得"的时候,桂琛由此愈加激励(应该是意识到自己的问题所在了),而玄沙也明白桂琛领会了他的佛学旨意。实际上,在桂琛时期,有很多禅僧未必能明白这个问题,而多是同桂琛一样坠入断见,往往以出离之心而否定客观世界的假有,甚至是否定整个概念世界。究其原因,唐末五代的禅僧队伍的构成,主要是以没有多少文化的流民为主体,这样的辨正"奥义"对于他们来说可以说是难以理解的,具有相当禅学素养的桂琛尚且如此,其他的禅僧就更可想而知了。

玄沙与桂琛的机锋对接在《景德传灯录》卷十八雪峰法嗣《师备》中还记录了两次,在《玄沙师备禅师语录》中有出现一次,下面分别对这三次机锋应答进行分析。

第一次机锋出现在前面亦提到的"三种病人"公案中,在《景德传灯录》卷十八载:

  时有僧出曰:"三种病人和尚还许人商量否?"师曰:"许汝作么生商量。"其僧珍重出。师曰:"不是不是。"(法眼云:"我当时见罗汉和尚举此僧语,我便会三种病人。"云居锡云:"只如此僧会不会?若

---

① [宋]思坦集注:《楞严经集注》卷五,《万字续藏》第11册,第447页上。

道会,玄沙又道不是;若道不会,法眼为什么道。我因此僧语便会三种病人,上座无事上来商量,大家要知。")罗汉云:"桂琛见有眼耳,和尚作么生接?"①

应该说,上面这则公案还是在讨论关于"唯识"的问题,即所谓六根、六尘、六根识之间的关系问题。也就是说,这些"病人"妄图以遮断六根(五蕴和合)对六尘(外境或客尘)的摄取来达到摒除妄念与无名的目的。而他们没有意识到即使遮断了五蕴"六根"也并不能阻止六根识对六尘的摄取,因为"尘"是"识"的变现嘛。所以当桂琛反问玄沙"桂琛见有眼耳,和尚作么生接"的时候,玄沙是很认可桂琛的见识和知见的。

第二次机锋出现在关于"门"的公案中。《景德传灯录》卷十八:"师与地藏琛在方丈内说话,夜深,侍者闭却门,师曰:'门总闭了,汝作么生得出去?'琛曰:'唤什么作门?'"②这又是一次发生在玄沙与桂琛之间充满禅机的机锋应接。桂琛在方丈室聊天到"夜深",应该很晚了,玄沙又开始接引弟子问"门闭了怎么出"。这里面有两个含义:其一,以"妄计所执"门的"概念"和"依他起性"的"假名"门来考验桂琛;其二,门是方便,象征佛法的方便法门。桂琛当然明白老师的意图,所以反问"唤什么作门",而没有以"妄计所执"的门"概念"来着相,也没有着"方便法门"之相。所以禅宗参悟中的"担柴挑水"无非妙道,老师往往不忘处处借机来点化弟子。

在第三次机锋应答中,玄沙以灵云志勤禅师"见桃花悟道"的公案

---

① [北宋]道原撰:《景德传灯录》卷十八,《大正藏》第51册,第346页中。
② [北宋]道原撰:《景德传灯录》卷十八,《大正藏》第51册,第347页上。

来考查桂琛,在《玄沙师备禅师语录》卷二中云:

> 灵云见桃花,颂云:"三十年来寻剑客,几回落叶又抽枝。自从一见桃花后,直至如今更不疑。"沩山云:"从缘入者,永不退失,汝善护持。"师云:"谛当甚谛当!敢保老兄未彻在。"众疑此语,师问地藏:"我怎么道,汝作么生会?"地藏云:"不是桂琛,即走杀天下人。"①

其实,玄沙举这则"灵云见桃花悟道"的著名公案自有他的意图所在。 在上面公案中,沩山灵佑对自己的弟子灵云志勤见桃花而悟道的评价认为是灵云一旦从缘起缘灭的角度看待桃花的生灭交谢而悟道,以这种方式开悟是不会退失的。② 玄沙对沩山的点评也非常肯定,同时也很确定地认为众多禅僧对此公案的认识实际上并不透彻。 玄沙的弟子们对老师的说法很是疑惑,当时桂琛也在场,于是玄沙就问桂琛是怎么理解这个公案的。 桂琛巧妙地说:"不是桂琛,即走杀天下人。"我们推测,桂琛的意思是,每个人的开悟方式不同,每个禅僧对禅的开解也是不一样的,即是所谓的自心自悟。 就像灵云志勤禅师那样,他能看桃花悟道,不代表每个禅僧都能通过看桃花悟道一样,所以桂琛这样回答玄沙应该就是想表达这个意思,这就是禅宗修习当中的自心自悟才是自家的吧。 上面这则公案体现了桂琛对禅法学习的深刻理解,也体现了玄沙在接引弟子过程中对诸般方便的巧妙施用。

以上三则公案与前文桂琛以"三界唯心"而悟道的公案一道,是玄沙接引桂琛的四次机锋交流,桂琛正是在这些应接机锋中而突然悟道的。 很显然,这样的机锋应接在玄沙和桂琛禅师的日常生活中并不止

---

① [明]林弘衍编:《玄沙师备禅师语录》卷二,《万字续藏》第73册,第38页上。
② 灵云之所以三十年没有悟道,是因为没有从缘起缘灭的角度来领悟诸法空相而已。

于此，文献中的记载也仅仅是挑拣了这些公案流传了下来。从这些公案看，除了可以了解桂琛悟道的因缘所在外，同时也可以了解桂琛对玄沙禅学的继承，在上面的讨论中就已经比较清晰地呈现了。

二、桂琛禅师的同学

基于本书的讨论，我们对桂琛禅师的同学考察，需要勾画一个基本的范围，即这些同学是与桂琛同参一个老师，且在文献中又记载了与其有交往记录的，或有相互评价的禅僧同道，均算是本书讨论的桂琛同学范畴。因此，关于桂琛的同学，对范畴的划分限定了讨论的范围和对象。在本书的论述中，有桂琛曾在万岁寺依无相大师时的同门，也有云居山依道膺禅师参学时的同门，以及在雪峰和玄沙二人处参学时的同门，这些都应该算作是桂琛的同学（桂琛的老师玄沙除外）[1]。在这些同门禅僧中，只要是在现存文献中记载有与桂琛禅师有交往的人，甚至是无交往但有文字评价记录的人，都是本书中作为桂琛同学的考察对象。

而从实际的境况分析，我们发现，桂琛禅师的同学其范围实际上基本是涵括在雪峰僧团之内。桂琛在衢州常山万岁寺的同学没有文献记载，同样在江西云居道膺处的同学在文献中也没有记录。由于桂琛先后曾在雪峰与师备处求学，因此，桂琛的同学就主要分作两个部分：其一，在雪峰义存门下的弟子；其二，在玄沙师备门下的弟子。在下面

---

[1] 按：玄沙和桂琛都曾参雪峰义存为师，且玄沙是雪峰的法嗣弟子。而桂琛又是玄沙的法嗣弟子，鉴于这种特殊关系，玄沙不在桂琛同门范畴之内，特此注明。

的论述中，我们将以此作为基本分类，依次对这些同学及其与桂琛之间的交往展开讨论。

（一）在雪峰义存门下的同学

如前面章节所述，在《景德传灯录》卷十八和卷十九中，一共载录了雪峰义存门下的56位法嗣弟子，除其中11位没有立传之外，45位法嗣弟子均有传。赞宁在他所撰写的《宋高僧传》卷十二《义存传》中，统计了这些弟子中有共有5位获赐紫袈裟，他们分别是：一曰师备，拥徒于玄沙（今安国也）；次曰可休，拥徒于越州洞岩；次曰智孚，拥徒于信州鹅湖；其四曰惠（慧）棱，拥徒于泉州招庆；其五曰神晏，住福州之鼓山分灯化物。① 由此可见，雪峰的这些弟子包括他自己在内，均受到当时朝廷的高度重视。

从广义的角度分析，桂琛虽然不是雪峰的法嗣弟子，但因曾受学于他，故而雪峰的这些法嗣禅僧大多应该算作是桂琛的同学。这些同学中（由于玄沙师备是桂琛的老师，上面已经说明不包括在内），在僧传、灯录等文献中记载了与桂琛禅师有交接关系的禅僧发现一共有3位，他们分别是长庆慧棱（854—932）、鼓山神晏（869—945），以及保福从展（？—928），下面逐个讨论。

1. 长庆慧棱

福州长庆慧棱禅师，在雪峰法嗣弟子中排第二位，可以算作雪峰弟子中仅次于玄沙师备的得意门生。慧棱的生平在《宋高僧传》卷十三《福州长庆院慧棱传》中载：

> 释慧棱，杭州海盐人也，俗姓孙氏。初诞缠紫色胎衣，为童龀日，

---

① ［北宋］赞宁撰：《宋高僧传》卷十二，《大正藏》第50册，第782页下。

俊朗抗节。于吴苑通玄寺登戒,已闻南方有禅学,遂游闽岭,谒雪峰。提耳指订,顿明本性,乃述偈云:昔时谩向途中学,今日看来火里冰。"如是亲依不下峰顶计三十许载,冥循定业,谨摄矜庄。泉州刺史王延彬,召棱住昭庆院,禅子委输,唯虞后至。及于长乐府,居长庆院,二十余年出世不减,一千五百众。棱性地慈忍,不妄许人,能反三隅方加印可。以长兴三年壬辰五月十七日长往,春秋七十九,僧腊六十。闽国王氏私谥之。大师号超觉,塔葬皆出官供,判官林文盛为碑纪德云。①

长庆慧棱本是杭州人,事雪峰三十年左右,他的开悟偈是"昔时谩向途中学,今日看来火里冰"。他是先应王延彬之请,住泉州招庆寺,然后迁居福州长庆院,学生计有"一千五百众",应该说他的道场规模算是很大了。由于慧棱生前受到王室的礼遇,又获赐紫袈裟,从圆寂后"王氏私谥之,大师号超觉,塔葬皆出官供"看,可以算是身前身后极尽哀荣了。我们通过对文献的梳理,发现他跟桂琛有过机锋应接的记载。据《景德传灯录》卷二十一《桂琛传》有录:

> 师(桂琛)与长庆、保福入州见牡丹障子,保福云:"好一朵牡丹花。"长庆云:"莫眼花。"师曰:"可惜许一朵花。"(玄觉云:"三尊宿语还有亲疏也无?只如罗汉怎么道,落在什么处。")②

公案中的"师"指的是桂琛,描述的是有一次桂琛和长庆慧棱、保福从展进城(应该是指福州)看牡丹花。保福脱口而赞"好一朵牡丹花",长庆则认为保福从展着了"牡丹"的名相,或以虚幻不实的牡丹

---

① [北宋]赞宁撰:《宋高僧传》卷十三,《大正藏》第50册,第787页上。
② [北宋]道原撰:《景德传灯录》卷二十一,《大正藏》第51册,第372页上。

妄计为实在牡丹，故而告诫保福说不要眼睛花了。而桂琛对他们的机锋应答也进行了回应："可惜许一朵花。"其实这里需要说明的是，就牡丹花来说，其俗谛是缘起之花（依他起性），属于假有；其胜义谛是因缘起而性空之花，是妙有（圆成实性）。妙有与假有真俗不二，既不能执假有，也不能执妙有，不落二边才是属于中道法门。禅宗实际上仍是与中道佛理相通而且是相一致的。在上面的公案中，长庆慧棱认为保福从展落入了"执有"的一边，而长庆也有可能落入"执空"一边，因而我们从字面意思分析，估计桂琛的意思是暗示他们二人各执一边，没有站在中道的不二立场关照牡丹的实相。但是文献中的玄觉禅师（不明身份）点评说，从三人的对话看，三种说法本身没有差别，只是看桂琛是从哪个角度理解罢了。实际上，就这则公案来看，根本看不出三人是否有落入空有二边窠臼的迹象，但是作为禅语机锋，读者是可以根据自己的理解来品味出其中意味深长的禅理韵味的。

2. 鼓山神晏

鼓山神晏作为雪峰的法嗣弟子之一，除了受赐紫袈裟外，亦受重于王氏政权。神晏的简略生平在《祖庭事苑》卷八有载：

> 师讳神晏，大梁李氏子。幼不茹荤，闻钟梵即欣然。年十五感疾，梦神人与药即愈。遂依卫州白鹿山受业，具戒。杖锡游方，造雪峰，峰抚而印之。闽师开鼓山，创禅居，请扬宗旨。僧问："如何是包尽乾坤底句？"师曰："近前。"僧近前，师曰："钝踬杀人。"曰："如何绍得？"师曰："犴溪无风，徒劳展掌。"后赐号兴圣国师。①

传文介绍虽然简略，且颇带神异成分，一般来说，这是撰述者对高

---

① [北宋]善卿编：《祖庭事苑》卷八，《万字续藏》第64册，第406页下。

僧生平宗教性叙事的技术化处理的叙事方法。通过前文介绍，我们已经知道，神晏禅师作为雪峰义存的得意弟子，也曾受朝廷恩宠，获赐紫袈裟，这是作为出家僧人极高的礼遇了。尽管如此，我们发现，神晏在《宋高僧传》中，赞宁居然没有为他立传，这就显得非常耐人寻味。① 到底是什么原因呢？我们在《宋高僧传》卷十三《桂琛传》中或许可以找到一些蛛丝马迹。在赞宁撰《宋高僧传》卷十三《桂琛传》中所载："时神晏大师，王氏所重，以言事胁令（桂琛）舍玄沙嗣雪峰。确乎不拔。终为晏谗而凌轢，惜哉！"从引文可以看出，神晏与桂琛禅师之间有矛盾，桂琛在地藏院遭受了排挤，使得桂琛禅师不得不徙居闽南漳浦那破败且倍感荒凉的罗汉院。从赞宁的用词中，应该说是对神晏抱有比较反感的态度。赞宁在对这件事的评判上，其用词以"谗、凌、轢、惜"等语。根据现代汉语解释，谗者，在别人面前说陷害某人的坏话；凌者，侵犯、欺压；轢，车轮碾过；惜者，因受不公而抱以同情之态度。关于神晏要求桂琛改嗣的这件事上，我们在前面已经讨论过，此处不再重复。桂琛禅师在面对神晏禅师的"无理"要求，表现得"确乎不拔"的坚定。很明显，赞宁作为后来的佛教学者，对历史宗教人物神晏与桂琛的评价，他是站在桂琛禅师的道义这一边。正因为此等原因，虽然鼓山神晏禅师在历史上的名声很大，但赞宁在《宋高僧传》中却不为他立传，其中的部分原因或许是与此有关吧。

所以从上面的论述看，桂琛与神晏之间的同学关系似乎是很紧张的，而且二人之间肯定还有许多不为我们后人所知道的矛盾。从二人

---

① 关于鼓山神晏的传记，在《宋高僧传》中没有立传，因此明人明河在《补续高僧传》有补入。参见[明]明河撰：《补续高僧传》卷六，《鼓山国师传》，《万字续藏》第77册，第404页上。

之间的矛盾分析，可以更进一步的了解唐末五代时期禅宗丛林内部之间存在的诸多矛盾。这些矛盾从本质上看，应该还是涉及教理与现实利益的分配问题。正如前面提到的那样，此时的雪峰道场与玄沙道场二者之间客观上已经形成实际的竞争关系，而且玄沙师备的道场从建立以来逐渐超过了雪峰道场（见前徐晓望语）。对于雪峰门下的鼓山神晏等，自然是不愿意看到的。我们认为这应该是神晏与桂琛之间矛盾冲突的本质所在。

3. 保福从展

保福从展亦是桂琛同在雪峰门下参学的同学，而且也在赞宁撰《宋高僧传》中没有列传，仅在明代明河撰的《补续高僧传》卷六中才有补录，并且是附录在《鼓山国师传》后面的。① 保福从展的具体生平，根据明河《补续高僧传》卷六载：

> 保福禅师从展，福州人也，生陈氏。年十五，礼雪峰为受业师。十八本州大中寺具戒。游吴楚间，后归执侍雪峰。一日，忽召曰："还会么？"师欲近前，峰以杖拄之，师当下知归。又常以古今因缘，询长庆棱和尚，棱深许之。梁贞明四年丁丑，漳州刺史王公，钦承道风，创保福院，迎请居之。师曰："上座行脚事作么生不会，会取好莫傍家取人处分，若是久在丛林，粗委些子远近，可以随处任真。"后学未知次序，山僧不惜口业，向汝道："尘劫来事，只在如今，还会么？"问："因言辩急时如何？"师曰："因甚么言？"僧低头良久。师曰："击电之机，徒劳伫思。"问："欲达无生路，应须识本源，如何是本源？"师良久却问侍者："适来僧问甚么？"其僧再举，师乃喝出曰："我不患聋。"师因僧侍

---

① 至于赞宁为何没有为保福从展立传，个中原因不得而知。

立。问曰:"汝得怎么粗心?"僧曰:"甚么是某甲粗心处?"师拈一块土,度与僧曰:"抛向门前着。"僧抛却来曰:"甚处某甲粗心。"师曰:"我见筑着磕着道汝粗心。"师住保福,仅一纪,学众不下七百,其接机利物,不可备录。唐天成三年戊子,示有微疾,僧入丈室问讯。师曰:"吾与汝相识年深,有何方术相救?"僧曰:"方术甚有,闻说和尚不解忌口。"又谓众曰:"吾旬日来,气力困劣,别无他,只是时至。"僧问:"时既至矣,师去即是,住即是。"师曰:"道道。"曰:"怎么即某甲不敢造次。"师曰:"失钱遭罪。"言讫而寂。①

上面是保福从展禅师的基本生平和应机接引学人时的一些机锋言语记录。文献中介绍说梁贞明四年(918)丁丑,漳州刺史王公②,钦承道风,创保福院,迎请居之。很明显,这里的记载有误。贞明四年的干支纪年应该是"戊寅"而非"丁丑"。另据我们在第一章中关于保福寺的创建时间,是在贞明二年(916),根据《中华古塔通览·福建卷·漳州》载:"南山寺大雄宝殿前的两座石塔,原立于芝山东麓的净众寺山门前,梁贞明二年(916)刺史王延虹建,初名保福寺,为祝圣道场,宋末毁于战火。元至正间重修,后并入净众寺,名为万寿保福净众禅寺。"实际上,在上面的传记中,讲到从展禅师在漳州保福院"仅一纪",即12年,直到后唐天成三年(928)三月示疾圆寂。漳州保福寺的创建时间如果是在贞明二年建,这一年从展禅师进驻,往后推12年,正好是天成三年从展禅师圆寂的时间。因此,基本可以推定,漳

---

① [明]明河撰:《补续高僧传》卷六,《万字续藏》第77册,第404页中。
② 按:根据前面的研究,我们知道此处的漳州刺史王公实为王潮的第二子王延虹(参见前文研究论述)。

州保福禅院实际上是建于贞明二年（916）年更为合理。

上面已分析了保福从展禅师的基本生平和驻锡的寺院，下面来考证他作为桂琛的同学与桂琛之间的一些交往。从展禅师与桂琛的交集除了上面提到的他与长庆慧棱、桂琛一同入州观赏牡丹障子的公案之外，在其他文献中亦同时涉及他和桂琛的记载还有两处。其一之处出现在《景德传灯录》卷二十一载：

> 因请保福斋，令人去传语曰："请和尚慈悲降重"。保福曰："慈悲为阿谁？"师曰："和尚恁么道浑是不慈悲。"①

上面的机锋对话应该指的是桂琛遣僧去请保福从展来参加佛教的斋戒仪轨活动，传语说"请和尚（保福）慈悲降重"，这是桂琛对从展禅师的一种非常尊重的礼请。保福说慈悲为了谁（众生么），桂琛认为保福这样说就不是慈悲了。根据丁福保《佛学大辞典》，佛门术语"慈悲"的意思为："与乐曰慈，拔苦曰悲。四无量心中之二无量也。《智度论》卷二十七曰：'大慈与一切众生乐，大悲拔一切众生苦。'"②实际上，慈悲之语属于大乘佛教教门术语，讲的是菩萨道精神，给众生以乐，拔众生之苦的献身精神。或许在从展禅师看来，对于法空、我空的虚妄世界，我们慈悲的对象也是虚妄不实的。既然是虚妄，那我们慈悲的对象又该指向谁呢。实际上这是一种断灭观，是禅学认识上的一种空执。而桂琛当然知道从展禅师很可能是在考验他的禅学修养，所以才回答说，从展禅师这样（无视和否定缘起世界的存在而坠入空门）是不慈悲的。我们推定，桂琛禅师是深谙佛法奥义的。事实上，

---

① ［北宋］道原撰：《景德传灯录》卷二十一，《大正藏》第51册，第371页下。
② 丁福保编：《佛学大辞典》，北京：文物出版社，1984年，第1164页。

二人的一问一答只是禅门的逗机而已，可以说是没有对错之分的。

其二之处是保福从展禅师与桂琛的人生交集来自"保福迁化，地藏入塔"的著名公案。这则公案在《景德传灯录》卷二十一有载：

> 师（桂琛）住地藏时僧报云："保福和尚已迁化也。"师曰："保福迁化地藏入塔。"（僧问法眼："古人意旨如何？"法眼云："苍天苍天。"）①

上面的禅宗公案虽然为一禅门谶语，意思是说保福圆寂了，我桂琛也该寿终谢世了。事实上，根据保福从展禅师生平，从展是在后唐天成三年（928）三月示疾圆寂，而桂琛是在天成三年秋在福州圆寂，二人确实是在同一年谢世，正应了公案"保福迁化，地藏入塔"的谶语。我们知道，高僧的语言一般带有未卜先知性，这其实是对桂琛这样的高僧进行的神圣性烘托，是宗教性叙事技术的手法。② 但是在上面的文献中，也可以明显看到有错误之处，即文献中说桂琛驻锡在地藏院时听到有僧报保福迁化了。③ 根据前面的论述，我们知道，保福迁化时是在后唐天成三年的漳州保福院，而这一年桂琛很明显是住在漳浦罗汉院的，二人其实是同在漳州，此时桂琛在漳州听到从展圆寂的消息是很正常的。或许正是桂琛听到保福迁化了的消息，才意识到自己也即将圆寂，于是才脱口说出"保福迁化，地藏入塔"的谶语。当保福从展迁化之后，桂琛禅师随即动身徙往福州旧址，在游览完过去曾经熟知的地

---

① ［北宋］道原撰：《景德传灯录》卷二十一，《大正藏》第51册，第371页下。
② 参见段玉明：《中国宗教学应加强宗教实践技术的研究》，《云南社会科学》2007年第3期，第101～105页。
③ 因为此，学者谢重光先生认为地藏院是在漳州。（参见谢重光：《也谈文益禅师参桂琛的地点与年代——与王荣国先生商榷》，《世界宗教研究》2003年第1期，第31～36页。）我们认为，或许还有一种可能，即是桂琛禅师在天成三年（928）回到福州地藏院之后，才听到了漳州保福院从展禅师迁化的消息，因而说出了"保福迁化，地藏入塔"的谶语或有可能。

方后,就在这年秋天真的就圆寂了,从而应了自己道出的谶语。

(二)在玄沙师备门下的同学

根据《宋高僧传》卷十三载:"备三十年演化,禅侣七百许人,得其法者,众推桂琛为神足矣。"①广义地说,这些人虽然很多没有跟桂琛禅师在同一时期向玄沙参学,但广义上说应该与桂琛算得上是师出同门。 由于玄沙师备出道很早,根据《雪峰义存禅师语录(真觉禅师语录)》卷二所载"中和元年(881)辛丑是岁备头陀出世,住梅溪场普应寺,后迁玄沙"的记录看,玄沙一共传法近30年(实际是28年)。 桂琛向玄沙参学时道场已经迁徙到了玄沙山道场(玄沙寺),也就是后来逐渐发展并于898年建成的安国寺,并成为第一代住持。 在这期间,同桂琛一起学习的慧球禅师就很出名,在玄沙门下与桂琛并称"二大士"。

如果把桂琛的同学范围缩小,仅限定在玄沙的法嗣弟子当中进行讨论,这样就更能清晰知道玄沙师备门下的同学与桂琛之间的关系。 在《景德传灯录》卷二十一中,一共收录了玄沙师备的法嗣13人,他们分别是"漳州罗汉院桂琛禅师、福州安国慧球禅师、杭州天龙重机禅师、福州仙宗契符禅师、婺州国泰瑫禅师、衡岳南台诚禅师、福州白龙道希禅师、福州螺峰冲奥禅师、泉州睡龙山和尚、天台云峰光绪禅师、福州大章山契如庵主、福州永兴禄和尚"。② 通过考证,在这些禅僧当中,仅有慧球与桂琛在文献中被并置提及。

---

① [北宋]赞宁撰:《宋高僧传》卷十三,《大正藏》第50册,第786页上。
② [北宋]道原撰:《景德传灯录》卷二十一,《大正藏》第51册,第370页中。

关于慧球（？—913）的生平，在赞宁《宋高僧传》同样没有为慧球立传，但在《祖庭事苑》卷七中有简单的介绍：

> 师讳慧球，生泉州之蒲田，受业于龟洋，参于玄沙备。一日，问："如何是第一月？"玄沙曰："用月作么。"师遂领旨。朱梁开平二年，玄沙示寂。遗言于闽师王氏，请居卧龙，为第二世，亦曰中塔。后五年，不疾而终，号寂照禅师。闽师尝问玄沙："继师之道谁乎？"玄沙曰："球子得。"①

据以上记载，慧球是福建本土人。关于慧球的声名，除了前文提到玄沙在安国寺圆寂之际，示意王审知慧球将继他担任安国寺住持之外，其他的赞誉在文献中主要是与桂琛作齐名并置而呈现的。如《玄沙师备禅师广录》卷一："（玄沙）初住玄沙，光化初（898），王审知请为安国开山，学者从之尝七百余人。慧球、桂琛皆其高弟。"在这里，慧球是排在前面的。《释氏通鉴》卷十二："漳州罗汉琛禅师，初参玄沙，与慧球齐名，号二大士。"②由此可见，桂琛与慧球名气相当。

---

① ［北宋］善卿撰：《祖庭事苑》卷七，《万字续藏》第64册，第213页上。但是文献中说"朱梁开平二年，玄沙示寂，遗言于闽师王氏，请（慧球）居卧龙，为第二世，亦曰中塔"的说法很明显是错误的。因为慧球后来是接替玄沙做了安国禅院的第二代住持，而非是"（鼓山）卧龙"第二世，这明显是文献在转抄的过程中把王审知询问鼓山神晏谁能接替他的卧龙法席混为一谈了。这在前面的文献引用中交代得很明显。

② ［北宋］本觉撰：《释氏通鉴》卷十二，第76册，第128页下。另引文中的"大士"，佛教术语，菩萨之通称也，或以名声闻及佛。士者凡夫之通称，简别于凡夫而称为大。又士者，事也，为自利利他之大事者，谓之大士。《韩诗外传》曰："孔子与子路、子贡、颜渊言志，谓子路曰：'勇士哉！'谓子贡曰：'辨士哉！'谓颜渊曰：'大士哉！'"《管子·法法篇》曰："务物之人，无大士焉。"大士文本出儒教。《法华文句记》卷二曰："大士者，大论称菩萨为大士，亦曰开士。士谓士夫，凡人之通称。以大开简别故曰大等。"《四教仪集解》上曰："大士者，大非小也。士事也，运心广大，能建佛事，故云大士，亦名上士。"《瑜伽论》云："无自利利他行者名下士，有自利无利他名中士，具自他利行名上士。"《大论》以菩萨名大士亦开士，普贤观以声闻菩萨为大士，金光明以佛为大士，诸文不同。《释门正统》卷四曰："宋神宗宣和元年，诏改释氏为金仙，菩萨为大士，僧为德士。"参见丁福保编：《佛学大辞典》，北京：文物出版社，1984年，第188页。

但另一方面，桂琛在《宋高僧传》卷十三中被认为："备三十年演化，禅侣七百许人，得其法者，众推桂琛为神足矣。"而慧球在《宗统编年》卷十七中被认为："球莆田人，玄沙室中，参讯居首。"以及《玄沙师备禅师语录》卷三中玄沙临终前"先时闽帅王氏遣子问疾，仍密请继座者谁，师曰：'球子得'"。从以上诸多文献记载的描述，均可以看出桂琛与慧球二人的佛学修为有不分伯仲之感。

在以上提及的玄沙法嗣弟子中，除慧球之外，在文献记载中几乎没有一个禅僧与桂琛之间有着交集的记录。因此，桂琛与玄沙师门下的同学之间的交集就目前的文献来看，也仅仅只有慧球禅师了。

从以上对桂琛禅师同学的讨论看，主要涉及雪峰门下的长庆慧棱禅师、鼓山神晏禅师、保福从展禅师，以及玄沙师备门下的安国慧球禅师。通过对这些桂琛同学的考察，我们发现，从鼓山神晏的角度看，禅宗丛林之间实际上存在着或多或少的矛盾冲突。这种矛盾冲突是与南宗看重法嗣传承人的身份造成的，当然也涉及具体的禅门实际利益。在桂琛时期，禅宗的发展实际上已经融入王族政治，僧团之间的利益与王族政治之间关系的亲疏是直接相关的。可以说，与王族走得越近，获得的利益就越大。相反，利益就越小。所以禅宗后来的发展，亦需要依赖王族的支持和青睐，从而以获得该僧团在僧俗二界的影响和地位的认可，甚至是直接跟寺院经济的利益息息相关。

另一方面，除了以上的介绍，桂琛的同学肯定不止于此，但是鉴于文献记载的缺乏，其他同学与他的交往信息不得而知，因此也就无从讨论了。这是我们需要提请注意的地方。

第四章 桂琛禅师悟道后的弘法

一、桂琛禅师在地藏院的弘法

桂琛禅师在玄沙师备处悟道后,名声在外,《景德传灯录》卷二十一说得很清楚:"玄沙每因诱迪学者流,出诸三昧,皆命师为助发。 师虽处众韬晦,然声誉甚远。 时漳牧王公请,于闽城西之石山建精舍,曰地藏。 请师驻锡焉。"①很明显,桂琛悟道后,已经成为玄沙的助讲。 虽然他自己的为人处世很低调,但是名声仍然很大。 因此,才有了漳牧王公请他出山演法的举动。 从常理上讲,一个禅师悟道之后,成为业师的衣钵弟子,一旦有了名声,一般会有人延请出山,或自立道场,进行传法。 玄沙自己也是在唐中和元年(881)出世演法,开始在普应寺讲学。 因此在上章中,我们根据文献推断,桂琛很可能是在唐天祐年间(904—907)②离开安国寺(之前的玄沙寺),应故漳州牧王公

---

① [北宋]道原撰:《景德传灯录》卷二十一,《大正藏》第 51 册,第 371 页上。
② 在前面章节中,我们认为桂琛禅师大约是在 905 年离开安国寺,前往福州地藏院的。

之请驻锡福州地藏院，开始了他的弘法生涯。总的来讲，根据文献记载，桂琛的道场不算太大，相比于玄沙师备、长庆慧棱、鼓山神晏、保福从展、安国慧球诸禅师的道场而言，显得要小得多。同时，在桂琛的法嗣中，则出现了一位关键性的人物——清凉文益禅师。文益禅师后来创立了法眼宗，这在下文中将重点讨论。在本节中，我们将以桂琛禅师在福州闽城西地藏院道场弘法为中心进行介绍和讨论。

桂琛应故漳州牧王公所请演法地藏院，我们先来看看他在地藏院弘法行化接引学生的规模。据《宋高僧传》卷十三载："（桂琛）驻锡（地藏院）一纪有半，来往二百众。"①也就是说，桂琛在福州地藏院演法近十八年的时间当中，来往参学接受他接引行化的学生仅两百人左右。我们不禁要问，两百人到底是多还是少？为了回答这个问题，需要我们以桂琛禅师的道场规模与其他著名禅师的道场规模进行横向比较才能得出答案。现在我们对桂琛时期与他有直接或间接关系的得道禅僧之间演法的道场人数进行基本统计如下：

云居道膺，《宋高僧传》卷十二录："所化之徒，寒暑相交，不下一千余众……膺出世度人满足三十年。"②

雪峰义存，《宋高僧传》卷十二录："存之行化四十余年，四方之僧争趋法席者不可胜算矣，冬夏不减一千五百。"③

玄沙师备，《宋高僧传》卷十三录："备三十年演化，禅侣七百许人。"④

---

① ［北宋］赞宁撰：《宋高僧传》卷十三，《大正藏》第50册，第786页下。
② ［北宋］赞宁撰：《宋高僧传》卷十二，《大正藏》第50册，第781页中。
③ ［北宋］赞宁撰：《宋高僧传》卷十二，《大正藏》第50册，第782页中。
④ ［北宋］赞宁撰：《宋高僧传》卷十二，《大正藏》第50册，第786页上。

长庆慧棱,《宋高僧传》卷十三录:"二十余年出世不减,一千五百众。"①

鼓山神晏,《释氏通鉴》卷十二录:"节帅创永安禅苑以居之,徒众五百。"②

保福从展,《景德传灯录》卷十九录:"师住保福仅一纪,学众常不下七百。"③

罗汉桂琛,《宋高僧传》卷十三录:"驻锡(地藏院)一纪有半,来往二百众。"

安国慧球,道场规模不详。

清凉文益,《宋高僧传》卷十三:"四远之僧求益者不减千计。"④

从以上罗列的9个禅师(包括桂琛)的道场规模看,他们均是本书中与桂琛禅师关系紧密的人物,既有他的老师,也有他的同学,还有他的学生(清凉文益禅师)。在这9人中,仅有安国慧球的道场规模不详,其主要的原因是玄沙圆寂之后,慧球接任安国寺住持仅五年就示灭了。证据在《祖庭事苑》卷七:"玄沙示寂,遗言于闽师王氏,请居卧龙(我们注:应为安国),为第二世,亦曰中塔。后五年,不疾而终,号寂照禅师。"⑤慧球的名气虽然很大,但是出世演法的时间并不长,仅五年,所以期间化度的人数肯定也不多,我们以为这是文献中没有统计其道场规模的主要原因。

---

① [北宋]赞宁撰:《宋高僧传》卷十二,《大正藏》第50册,第787页上。
② [北宋]本觉撰:《释氏通鉴》卷十二,《万字续藏》第76册,第131页下。
③ [北宋]道原撰:《景德传灯录》卷十九,《大正藏》第51册,第355页中。
④ [北宋]赞宁撰:《宋高僧传》卷十三,《大正藏》第50册,第788页中。
⑤ [北宋]善卿撰:《祖庭事苑》卷七,《万字续藏》第64册,第419页中。

第四章 桂琛禅师悟道后的弘法

在以上罗列的道场规模中，云居道膺、雪峰义存、长庆慧棱、清凉文益等4人演法行化的规模都在千人以上。玄沙师备演法行化的规模也达到了700多人，鼓山神晏接引行化的规模有500多人，保福从展的规模达到700多人。由此看出，桂琛禅师在驻锡地藏院期间接引行化的弟子并不算多，就连他的学生清凉文益，其规模也远超过老师。当然，桂琛禅师在漳浦罗汉院宣法时也有接引，我们后面将作介绍。但依照桂琛禅师在当时的名气，来向他参学的人应该会很多，是什么原因造成桂琛禅师接引的弟子如此之少？我们试图来分析一下个中原因。

赞宁在《宋高僧传》卷十三《桂琛传》中就这样描述他："良以嗣缘有在，得旨于宗一大师。明暗色空廓然无惑，密行累载，处众韬藏。虽夜光所潜，而宝器终异……于闽城西石山建莲宫而止……琛以秘重妙法，罔轻示徒，有密学恳求者，时为开演……琛得法密付授耳。时神晏大师，王氏所重，以言事胁令舍玄沙嗣雪峰。确乎不拔，终为晏谗而凌轹，惜哉！"从这节引文中，我们至少可以发现以下几条信息：

其一，在桂琛禅师出师到地藏院演化之前，就已经在公众中留下"密行累载，处众韬藏。虽夜光所潜，而宝器终异"的印象与评价。通俗地说，就是桂琛禅师在玄沙处进行秘密修行多年，而且在公众场合表现得极为低调，显得"韬光养晦"的样子，并试图把自己隐藏起来。虽然如此，他修行这些秘密法门的行为还是被人知晓，因为这些秘密法门很可能跟当时流行的禅法不一样。赞宁把这条信息突出来加以强调和描述，应该是有他的意图的。

其二，桂琛驻锡在地藏院的时候，同样表现得很小心，即"秘重妙法，罔轻示徒，有密学恳求者，时为开演"。意思是他的秘密法门是不轻易向参学者显露出来的，只有那些再三恳请的参学禅僧，桂琛才不得已为他们传授一些秘密法门。那么这些秘密法门是什么呢，文献中并没有明确交代。

其三，桂琛在玄沙处取得秘密法门，即"琛得法密付授耳"，获得玄沙真传。

其四，从鼓山威胁桂琛改嗣雪峰的角度分析，雪峰僧团内部之间有着相当的矛盾。①

其五，从客观实际情况来看，桂琛禅师在唐天　年间离开安国寺（前身是玄沙寺）之时，雪峰和玄沙还在世，他们也正在弘法授徒，而且雪峰道场与玄沙道场之间客观上存在着竞争。②

综合以上五点，桂琛禅师出道后由于以上诸多原因，在传法授徒方面显得很克制，这是非常正常的行为。由于桂琛在地藏院驻锡的时间比较长，有近十八年左右的时间。他在离开玄沙道场十多年后，雪峰和玄沙在后梁开平二年（908）才相继谢世。二位老师的谢世，对于雪峰僧团与玄沙僧团之间的关系必然有着很微妙的变化。应该说，桂琛

---

① 关于此种矛盾，谢重光先生认为："桂琛既参雪峰，又参玄沙，而在法统上却是玄沙佛学的传人。偏偏雪峰与玄沙在佛学上是两个相互对立的派系，雪峰势大，玄沙处在被压的地位，所以桂琛从玄沙得法是'密付授耳'。"（参见谢重光：《也谈文益禅师参桂琛的地点和年代——与王荣国同志商榷》，《世界宗教研究》2003年第1期，第34页。）关于"雪峰和玄沙僧团之间相互对立"的证据，在《宋高僧传》卷十三《周金陵清凉文益撰》所载"唱导之由，玄沙与雪峰血脉殊异"之语可以看出，玄沙和雪峰僧团之间禅风差别很大，至于是怎样的差别，在后文中将有详述。《大正藏》第50册，第788页中。）

② 关于这一点，根据徐晓望先生《闽国史》说："师备出道后在罗源玄沙居住，所居草屋仅能遮蔽风雨。但他对禅宗的研究颇有心得，善于为学生解难，许多人往来于雪峰与玄沙二寺之间，相互映证佛学。因此，他的名声越来越响，'天下丛林，皆望风宾之，闽帅王公待以师礼，学徒余八百'。他所居之处，很快变成一所大寺院。"以上引文，很明显是雪峰与玄沙之间客观上形成了某种竞争，这是不争的事实。（参见徐晓望著：《闽国史》，台北：五南图书出版社，1997年，第330页。）

在地藏院的中后期，传法的态度可能逐渐由克制转为主动，否则也不可能在十八年时间行化的人数就能达到两百人。尽管如此，他和雪峰僧团间的不和谐则一直存在，直到后梁龙德三年（923）左右，鼓山神晏终于因桂琛不愿改嗣雪峰法嗣为借口，把桂琛排挤出福州地藏院，桂琛被迫"远徙"福建之南偏塞之地的漳州漳浦罗汉院。

上面讨论了桂琛在地藏院十多年间传法接引僧徒的规模有200人左右，如果考虑到上面分析的原因，那么这200人的规模还真算不少了。接下来我们具体讨论一下桂琛在这期间接引的弟子。

赞宁在《宋高僧传》卷十三《桂琛传》中，提到两个桂琛接引的弟子，分别是"抚州曹山文益"和"江州东禅休复"二位禅师。① 他们二人"咸传琛旨，各为一方法眼，视其子则知其父也"。也就是说，二位禅师深得桂琛真传，各在一方弘法，通过他们的禅风，便知道他们是桂琛的传人，从而说明桂琛的禅风是很独特的。我们将在下面分别对二人进行介绍。

先来考察清凉文益禅师在福州地藏院参桂琛的事件。清凉文益禅师参访桂琛的事发生在桂琛驻锡在地藏院的后期，②关于文益参桂琛的具体细节，据《宋高僧传》卷十三《周金陵清凉文益传》载：

> 释文益，姓鲁氏，余杭人也。年甫七龄，挺然出俗，削染于新定智通院，依全伟禅伯。弱年得形俱无，作法于越州开元寺。于时谢俗累

---

① 在《五灯会元》卷十中描述为同文益共参桂琛的还有另外两个禅师——休复和洪进，还有些文献版本描述为一行四人同参桂琛，详见后文，有详细论述。

② 按：因为在《宗统编年》卷十八有"壬午年（即后梁龙德二年，公元922年），禅师文益造地藏阻雪悟道"的明确记载，后文有详细论述。（参见［清］纪荫编撰：《宗统编年》卷十八，《万字续藏》第86册，第193页上。）

以拂衣,出樊笼而矫翼,属律匠希觉师盛化,其徒于鄮山育王寺,甚得持犯之趣,又游文雅之场。觉师许命为我门之游夏也,寻则玄机一发,杂务俱损。振锡南游,止长庆禅师法会,已决疑滞。更约伴西出湖湘,尔日暴雨不进,暂望西院寄度信宿,避溪涨之患耳。遂参宣法大师,曾住漳浦罗汉,闽人止呼罗汉。罗汉素知益在长庆颖脱,锐意接之。唱导之由玄沙与雪峰血脉殊异,益疑山顿摧正路斯得,欣欣然挂囊栖止,变涂回轨确乎不拔。寻游方却抵临川,邦伯命居崇寿,四远之僧求益者不减千计。江南国主李氏始祖知重迎住报恩禅院,署号净慧。厥后微言欲绝大梦谁醒,既传法而有归,亦同凡而示灭。以周显德五年戊午岁秋七月十七日有恙,国主纡于方丈问疾,闰月五日剃发澡身与众言别,跏趺而尽,颜貌如生,俗年七十四,腊五十五。私谥曰大法眼,塔号无相,俾城下僧寺具威仪礼迎,引奉全身于江宁县丹阳乡起塔焉。益好为文笔,特慕支汤之体,时作偈颂真赞,别形篆录。法嗣弟子天台德韶、慧明,漳州智依、钟山道钦、润州光逸、吉州文遂。江南后主为碑颂德,韩熙载撰塔铭云。①

根据上文,我们发现在文字叙述上,赞宁是以他当时的立场在说古人的事。比如前文提到的万岁(寿)寺,如果以桂琛时期则应为容车寺,他在叙述时采用现名。而在上文中,他对桂琛的介绍则以"宣法大师,曾住漳浦罗汉,闽人止呼罗汉"作介绍,这些都是文益在福州地藏院参桂琛之后发生的事,更何况桂琛身后"宣法大师"的谥号也是宋

---

① [北宋]赞宁撰:《宋高僧传》卷十三,《大正藏》第50册,第788页上。

太宗朝给封的，这在前文已经交代了。①根据文献记载，我们来看看文益禅师从参学开始到包括拜访桂琛在内的诸多业师，以及悟道后弘法的具体路线：

越州开元寺(今浙江绍兴境,受具足戒)→鄞山育王寺(今浙江鄞县,行脚徙居崇寿院②)→(南下至)福州长庆院(参慧棱)→(福州西)地藏院(参桂琛)→西行抵临川(今江西抚州境临川区)→(江南国主李氏始祖知重,迎住南京)报恩禅院

以上是文益禅师一生行脚求学、徙居传法的主要路线图。根据这条地理线路，他主要游历徙居于绍兴（开元寺）、宁波（阿育王寺）、福州（长庆院、地藏院）、抚州临川（居崇寿寺）、南京（报恩禅院）。这条路线在福建境内的地点主要是在福州，即当时的南方禅学中心之一。文益正是在福州参过慧棱后，向西受雨阻而偶参桂琛，而不是个别学者认为文益是在漳州地藏院参学桂琛。③如果这样，并不符合当时的实际情形。

关于文益参桂琛的时间，在前文已经提到过，即《宗统编年》卷十

---

① 按：读者在阅读《宋高僧传》的时候，很容易产生时空上的错觉，因为传记中一些关键的寺名、人名、谥号等称谓大多是采用于作者赞宁所处的时代，所以我们在分析中必须对传记中的人物所处的时代与撰者赞宁时代之间进行转换，才不至于产生时空错觉。所以具体到这里的讨论，就要仔细辨识分别发生在福州地藏院和漳浦罗汉院之间的事，而不能混淆。

② 赞宁《宋高僧传》仅简写为"崇寺"，《景德传灯录》卷二十四记载为"崇寿院"。（参见[北宋]道原撰：《景德传灯录》卷二十四，《大正藏》第51册，第398页中）

③ 谢重光先生认为文益是在漳州参桂琛。参见谢重光：《也谈文益禅师参桂琛的地点和年代——与王荣国同志商榷》，《世界宗教研究》2003年第1期，第31～36页。

八录"壬午……禅师文益造地藏,阻雪悟道"①,壬午年正是后梁末帝朱友贞龙德二年(922),这一年桂琛56虚岁。当时文益参访桂琛时的情景在《宋高僧传》中没有交代,但在《禅林僧宝传》卷四《金陵清凉益禅师》文中介绍得很详细:

> 自漳州抵湖外,将发而雨,溪壮不可济。顾城隅有古寺,解包休于门下,雨不止。入堂,有老僧坐地炉。②

文献中描述文益禅师是从漳州抵湖外而遇桂琛,很明显不符合《宋高僧传》中的逻辑路线。③ 但是其他的描述诸如古寺、老僧还是比较恰当的。这里描述为古寺,说明寺院至少已经经历了很多年,颇有陈旧之感。描述为"老僧坐地炉",这是因为此时的桂琛已经56岁了,呈现老态,是很自然的描述。所以前面引文《宗统编年》卷十八中记载文益是在后梁龙德二年(922)参访桂琛是比较可信的。

接下来分析桂琛对文益的接引和他们之间的机锋对话,据说文益因而以此悟道。《景德传灯录》卷二十四录:"琛问曰:'上座何往?'师曰:'逦迤行脚云。'曰:'行脚事作么生?'师曰:'不知。'曰:'不知

---

① 有学者说这条文献中出现下雪,因而是不可靠的,因福州很少下雪。实际上查看福州过去气候资料,福州冬天下雪是很可能的。但是在《宋高僧传》卷十三《文益传》中说文益因"暴雨不进避溪涨之患"而"暂望西院寄度信宿",于是"遂谒桂琛"。我们采信文益是因雨阻而非雪。这是因为在藏内文献在传抄过程中,点窜原文是常有的事。甚至在《宋高僧传》、《景德传灯录》等相对"权威"的文献也不能免。参见王振国:《略析〈宋高僧传〉、〈景德传灯录〉关于部分禅宗人物传记之误失——兼论高僧法如在禅史上的地位》,《敦煌学辑刊》2002年第1期,第98~105页。

② [北宋]惠洪撰:《禅林僧宝传》卷四,《万字续藏》第79册,第500页下。

③ 在佛教文献中,很多同一母题的文献往往出现人物、地名张冠李戴的现象,这是不同文献版本之间相互传抄过程中出现讹误的结果。参见蒋家华著:《中国佛教瑞像崇拜研究:古代造像艺术的宗教性阐释》,济南:齐鲁书社,2016年,第280~281页。

最亲切。'师豁然开悟。"①桂琛和文益之间就这么一问一答,文益就开悟了,这典型就是南宗顿悟的特色。 我们知道,文益在参桂琛之前,曾"振锡南游,止长庆禅师法会,已决疑滞",在雪峰嗣下的长庆慧棱处已经扫除了修行中遇到的疑惑,但是还没有达到顿悟的程度(《景德传灯录》语"缘心未息而海众推之"),直到遇到桂琛才疑惑顿摧,或许这就是悟道因缘吧。 在上面的对话中,桂琛问文益"行脚事作么生"的用意,实际上是考查文益是否会滞于俗事,从而执着于法相。 而文益以"不知"回答,显然是没有滞碍的意思。 当桂琛说"不知最亲切"时,文益突然豁然开悟。 我们推测桂琛的意思是认为这里的"不知"是佛法中的"离二边,不执空有"的禅学不二境界,具有"言语道断"的功效。 关于文益参桂琛而悟道的说法还有另外一个记载更丰富生动的版本,在《五灯会元》卷十《金陵清凉院文益禅师》中记载得很详细,现摘录于下:

> 藏曰:"不知最亲切。"又同三人举《肇论》至天地与我同根处,藏曰:"山河大地,与上座自己是同是别?"师曰:"别。"藏竖起两指。师曰:"同。"藏又竖起两指,便起去。雪霁辞去,藏门送之,问曰:"上座寻常说三界唯心,万法唯识",乃指庭下片石曰:"且道此石在心内,在心外?"师曰:"在心内。"藏曰:"行脚人着甚么来由,安片石在心头。"师窘无以对。即放包,依席下求决择。近一月余,日呈见解,说道理。藏语之曰:"佛法不恁么。"师曰:"某甲词穷理绝也。"藏曰:"若论佛法,一切见成。"师于言下大悟。②

---

① [北宋]道原撰:《景德传灯录》卷二十四,《大正藏》第51册,第398页中。
② [南宋]普济撰:《五灯会元》卷十,《万字续藏》第80册,第197页上。

关于文益参桂琛悟道一事，《景德传灯录》与《五灯会元》各是一种版本，而《五灯会元》中的文益开悟情节要生动丰富很多。但是如果仔细分析，我们会发现《五元灯会》中的描述亦有可信之处。理由是文益与其同行在晚间围炉与桂琛探讨禅学之后，为了继续跟桂琛探讨佛法，"放包依席下求决择，近一月余，日呈见解，说道理"，直到桂琛说道"若论佛法，一切见成"，文益才"言下大悟"。我们通过对文益后来传法的禅风考证，他在接引学人过程中也常用到"一切现成"的禅学理念，说明他确实受到"一切现成"禅学思想的影响，所以我们认为《五元灯会》关于文益参桂琛悟道的内容基本是可信的。以上内容是文益参桂琛而悟道的具体细节，除文益外，还有善修和洪进二位禅师与文益同时悟道，下面接着论述。

与文益结伴行脚参桂琛的还有同修两人①，在当时他们三人一起与桂琛探讨禅学，"因投诚咨决悉皆契会，次第受记，各镇一方"（《景德传灯录》卷二十四），他们三人在参学桂琛后都开悟了。另外这两人分别是"善修禅师"与"洪进禅师"（《禅林僧宝传》卷四《金陵清凉益禅

---

① 在《景德传灯录》卷二十四中录："与同行进山主等四人，因投诚咨决悉皆契会，次第受记，各镇一方。"（参见《大正藏》第 51 册，第 398 页中。）也就是说，《景德传灯录》卷二十四认为同参桂琛的一共有四人。另外《万松老人评唱天童觉和尚颂古从容庵录》卷一载："修山主、法眼、悟空、进山主，结友之湖外，至漳州阻雨雪，溪涨，寓城西地藏院。"这里修山主为绍修、法眼为文益，进山主为洪进，但不知"悟空"为何人。何况，文中说四人"至漳州阻雨雪"不符合"事实"，所以此文献记载不予采信。（参见[元]行秀评唱：《万松老人评唱天童觉和尚颂古从容庵录》卷一，《大正藏》第 48 册，第 234 页上。）而《联灯会要》、《五灯会元》、《禅林僧宝传》、《指月录》、《教外别传》等均指仅三人参桂琛。根据学者张云江的整理，认为《景德传灯录》所录与文益同行者有三人，而其他灯录中只有二人，二人名字亦不相同，"景修"、"善修"、"绍修"同一"修"字，可能是同一个人，"法口"、"洪进"、"法进"名字相近，可能是同一个人，在后世禅史灯录中，逐渐统一确定为"绍修"、"法进"。（参见张云江著：《法眼文益禅师》，厦门：厦门大学出版社，2010 年，第 69～70 页。）我们赞同此一观点，并以《景德传灯录》卷二十四中列入的桂琛法嗣为准：即同参桂琛的三人士分别是"文益"、"洪进"、"绍修"。

师》)。关于善修(又作"绍修")禅师的生平,在《指月录》卷二十二《抚州龙济绍修禅师》有载:

> 别与法眼,同参地藏,所得谓已臻极。暨同辞至建阳,途中谭次,眼忽问:"古人道,万象之中独露身,是拨万象,不拨万象。"师曰:"不拨。"眼曰:"说甚么拨不拨。"师懵然不知,却回地藏。藏问:"子去未久,何以却来?"师曰:"有事未决,岂惮跋涉山川。"藏曰:"汝跋涉许多山川,也还不恶。"师未喻旨,乃问:"古人道:'万象之中独露身。'意旨如何?"藏曰:"汝道古人拨万象,不拨万象?"师曰:"不拨。"藏曰:"两个也。"师骇然沉思,而却问:"未审古人拨万象,不拨万象。"藏曰:"汝唤甚么作万象?"师方省悟,再谒法眼,酬诘悉符。①

这里的绍修禅师,应该就是指《禅林僧宝传》卷二十四中提到的善修禅师。② 上面的引文是说当文益和绍修同参桂琛离开地藏院之后,在半路上争论"万象之中独露身,是拨万象,不拨万象"禅门公案。绍修不解,于是又返回去咨询桂琛,最后获得满意的答案。关于"万象之中独露身,是拨万象,不拨万象"禅门公案,其中"万象"的意思是指诸法森严万象,通俗讲即是六尘、五蕴等等,也指娑婆假有世界;"独露身",指"法身",指佛法"实相",是虚妄不实的、众缘和合的"空"有。因此,我们一旦领悟到了世间万物(假有)是虚妄不实,是众缘和合的"空"有时,而这只是禅僧修习出离心的第一步,但是还没有最终顿悟到佛法的终极实相(不二法门)。因此他们疑惑,当认识到

---

① [明]瞿汝稷撰:《指月录》卷二十二,《万字续藏》第83册,第640页上。
② [北宋]道原撰:《景德传灯录》卷二十四《桂琛法嗣》中的"抚州龙济山主绍修禅师"。(《大正藏》第51册,第400页下。)

假有虚妄不实的"空"有世界时,是否需要把"假有"(万象)否定掉,或摒弃掉(拨)。他们三人中,绍修认为不该拨掉万象,而法眼文益认为不要在拨与不拨上面纠结(眼曰:"说什么拨与不拨。")。法眼的意思其实是空有同时关照而不着二边的"不二"禅学思想,这种佛学思想是认识诸法万象实相的首要。但是他们为此争论相持不下,于是又返回地藏院求教于桂琛,这就是整个公案的意思。很显然,在认识万象为虚妄不实的时候,我们是不应该拨掉"假有"的。否则我们的认识就会堕入"断见","恶趣空",这是佛学当中错误的认识观念。

另外一个与文益同在地藏院参桂琛的洪进禅师,在《景德传灯录》卷二十四有载:

> 襄州清溪山洪进禅师(曾住邓州谷口),在地藏时居第一座。一日,有二僧礼拜,地藏和尚曰:"俱错。"二僧无语,下堂请益修山主,修曰:"汝自巍巍堂堂,却礼拜拟问他人,岂不是错。"师闻之,不肯,修乃问曰:"未审上座作么生?"师曰:"汝自迷暗焉可为人。"修愤然上法堂请益地藏,地藏指廊下曰:"典座入库头去也。"修乃省过。又一日,师问修山主曰:"明知生是不生之性,为什么为生之所留?"修曰:"笋毕竟成竹去,如今作篾使还得么?"师曰:"汝向后自悟去。"曰:"修所见只如此,上座意旨如何?"师曰:"遮个是监院房,那个是典座房。"修礼谢,师住后有僧问:"众盲摸象,各说异端,忽遇明眼人又作么生?"师曰:"汝但举似诸方。"师经行次众僧随从,乃谓众曰:"古人有什么言句大家商量。"时有从漪上座出众拟问次,师曰:"遮勿毛驴。"漪涣、漪然省悟(漪后住天平山)。①

---

① [北宋]道原撰:《景德传灯录》卷二十四,《大正藏》第51册,第400页上。

洪进作为与文益、绍修同在地藏院参桂琛的禅师之一，上面的事应该是发生在绍修还没有离开地藏院期间。从上面的禅宗机锋语言中，我们发现洪进的禅法水平的确很高，而绍修似乎一直居于洪进下风，文献中的绍修也表现得很情绪化。我们知道，情绪的波动是禅修中的"魔障"，文中的绍修似乎不像是一个道行很深的禅师一样。而前面的文献介绍说，他也悟道了。所以我们认为，上面引文中的叙事应该是在绍修禅师悟道之前发生的，这是比较合理的解释。

以上这些事情是发生在桂琛驻锡地藏院弘法的晚期，而且应该是在文益参桂琛的后梁龙德二年（922）之后的时间了。桂琛在离开地藏院后，洪进是否跟随，这就不得而知了。

上面介绍完文益、绍修、洪进三人同参桂琛之后，接下来了解一下桂琛的另一高足金陵清凉休复禅师。由于在《景德传灯录》卷二十四桂琛法嗣"休复禅师"文中没有体现出他与桂琛之间有机锋对话的记录，所幸我们在稍晚的文献《指月录》卷二十二中发现有他与地藏有机锋之间应接并开悟的记录。在《指月录》卷二十二《升州清凉院休复悟空禅师》载：

（休复）北海王氏子，幼出家，十九纳戒。尝自谓曰："苟尚能诠，则为滞筏。将趣凝寂，复患堕空。既进退莫决，舍二何之。"乃参寻宗匠，依地藏，经年不契，直得成病。入涅槃堂，一夜藏去看，乃问："复上座安乐么？"师曰："某甲为和尚因缘背。"藏指灯笼曰："见么？"师曰："见。"藏曰："只这个也不背。"师于言下有省。后修山主问讯地藏，乃曰："某甲百劫千生，曾与和尚违背来，此者又值和尚不安。"藏遂竖起拄杖曰:"只这个也不背。"师忽然契悟。①

在上面引文中,我们知道,休复禅师是北海人,从小就出家,19岁受戒。曾经自己问自己:"如果概念文字能够成为解释的工具,那么会不会被这些概念拘束;如果趣向于寂静的'空',又堕入了'空见'。不能滞于文字概念,又不能堕入空见,进不是,退也不是,如果二者都阻断又如何呢?"这就是休复禅师的佛学疑惑。实际上,我们以为这应该是古代很多禅僧初学参禅时的疑惑吧。于是他到处寻访老师,最终投到桂琛门下,学了很多年,同样没有解决先前疑惑的问题,甚至为此落下病根。我们想知道他最终是怎么解决这个问题而开悟的呢?一天夜晚,桂琛在涅槃堂看见休复,就问他:"复上座身心安乐么?"休复回答说:"我可能与和尚您的缘分不到(所以还没有悟道)。"地藏桂琛指着灯笼问:"能看见么?"休复回答:"能看见。"桂琛说:"你和灯笼的缘分是契合(不背)的。"休复于是言下有所领悟。后来休复问讯地藏:"我经过千百劫而生,却与和尚您没有悟道的缘分,让您不安了。"桂琛又竖起拄杖说:"你与它的缘分相契合。"然后休复禅师就当下开悟了。在上面休复与桂琛的机锋问答中,我们发现休复把开悟的希望寄托在老师(桂琛)上面,认为是与桂琛没有悟道机缘,这是佛法中典型的"滞于筏"(这里指桂琛)的性质。而桂琛告诉休复,世间万象均是悟道的对象(所谓前面提到的"万象丛中独露身"的意思),这里万象的"身"(实相)也涵容在诸如"灯笼"、"拄杖"之中,只是休复自己没有从日常生活体悟到而已。借助桂琛禅师的引导,休复当下明白了这个道理,就豁然开悟了。休复的开悟例子,同样是南宗顿悟的基本

---

① [明]瞿汝稷撰:《指月录》卷二十二,《万字续藏》第83册,第640页上。

特色。

根据上面的引文,休复跟随桂琛学习数年而开悟,显然是发生在文益、绍修、洪进参桂琛之前的事(根据"师于言下有省,后修山主问讯地藏"语),并且也是在桂琛住持地藏院期间。因为在文益、绍修、洪进三人同参桂琛之后,桂琛不久后就离开地藏院,徙居漳州漳浦罗汉院了。另外,休复在桂琛身边参学了很多年(数年),而文益、绍修、洪进三人在桂琛身边住的时间并不长(月计)。因此,休复禅师在桂琛身边应该是桂琛在地藏院的中后期时间段较为合理。

根据上面桂琛对文益、绍修、洪进、休复四位嗣法弟子的接引,从机锋语言分析,桂琛用的都是禅门逗机语言,循循善诱,体现了一位禅门宿德的风范。桂琛接引的学人除了以上立传的四位,还有一些其他零星的弘法记录,如《联灯会要》卷二十六载:"师问招庆僧云:'尔在招庆,有甚么异闻底事,试举看。'云不敢错举,师云:'真实底事作么生?'云和尚因甚如此。师云:'尔话堕也。'"①桂琛在接引来自其他道场的学人时喜欢主动询问对方老师的教学方法。这里提到的招庆僧,应该就是来自慧棱禅师在泉州招庆寺的道场。慧棱在唐天祐三年(906)应王延彬邀请居在泉州招庆寺时,桂琛当时应该才来福州地藏院不久。两个道场之间相距实际上不算太远,在当时各道场之间的僧徒相互参学往来是很常见的事。桂琛与慧棱作为同在雪峰门下参访的同学,二人也曾经与保福从展三人一起入州观赏牡丹花(参见前文),说明他们之间的关系算是比较切近的,所以出现招庆僧参学桂琛的事就比较容易理解了。

---

① [宋]悟明集:《联灯会要》卷二十六,《万字续藏》第79册,第224页中。

二、桂琛禅师在漳州罗汉院的弘法

后梁龙德二年（922），文益、绍修、洪进三人于地藏院同参桂琛禅师之后，或许在这一年末，或在次年初（923）因受鼓山神宴禅师的排挤，应勤州太保琅琊公志请，无奈离开了驻锡约十八年之久的地藏院，远赴地处福建"南端之极"的漳浦（今漳州漳浦县）罗汉寺。根据前文第二章的论述，《灵峰蕅益大师宗论》卷八载《樵云律师塔志铭》中介绍到桂琛还创建了漳浦开元寺道场。根据《漳州府志》卷四十记载，开元寺，在府治西北紫芝山麓。元嗣圣间（684—704）开建于漳浦，明皇（开元）二十六年（738）改今名。由于会昌法难毁寺，开元寺也曾受到破坏。至于漳州罗汉院，在《漳州府志》卷四十记录罗汉寺（院）在漳浦威惠庙之东，而桂琛去时已经很破败。因此，我们认为桂琛实际上所在的罗汉院很可能为开元寺的下院（或附院）。我们这样推测，则与前面多条文献记载桂琛驻锡于开元寺的史料就说得通了。

以上信息是对第二章行文的回顾。总之，桂琛所去的漳州罗汉院，《释氏稽古略》卷三描述为"破垣败篑"，《释氏通鉴》卷十二描述为"破垣败篑，人不堪其忧，非忘身为法者不至"。《禅林宝训音义》卷一描述为"破屋坏垣"，《林间录》卷一描述为"城隈古寺，门如死灰"等等。相关的其他文献描述也差不多。总而言之，漳州（漳浦）罗汉院是个很破败清冷的地方。即使如此，桂琛仍能做到"恬如"若素，而此时的他已经是个快60岁的老人了。

以上所述桂琛在漳浦罗汉院期间的"居住"环境，除了破败的环境，更为棘手的是，桂琛还要自己解决饭食等切实问题。由于桂琛时期的闽中寺庙基本上都配有寺田，百丈制定的禅宗《清规》也是要求僧人遵守"一日不作，一日不食"的普请规制。因此，桂琛即使远在偏隅，也要以清瘦之躯（文中描述为"道容清深"）来种田插秧以谋食。所以文献中会经常出现一些慕名而来的行脚僧来参访桂琛，有时恰巧碰见他还在田里插秧的情景。诸如《禅林类聚》卷十九载"地藏琛禅师一日插田次，见新到僧……"语，说的就是这种情况。由此可见桂琛当时在罗汉院的生活很清苦，弘法的环境也不是很理想，但这并没有阻碍他宣法的信心。

下面我们将介绍桂琛禅师徙居罗汉院接引弟子的情况。根据时间推算，桂琛徙居漳州罗汉院的时间仅几年（即六年左右）。尽管如此，《宋高僧传》卷十三仍描述他"不数载，南北参徒丧疑而往者不可殚数"。意思是说不到几年时间，南北来参访他而能断除疑惑的僧徒人数难以估算。由此可见，在短短几年中，桂琛在罗汉院度人是很多的。其言外之意，是指桂琛在漳州罗汉院的几年中，其道场的规模已然很大了，这自然是建立在他先前在地藏院树立起来的威望。当然，也不排除赞宁之溢美之词。客观上分析，罗汉院的道场肯定是比他在福州地藏院的道场规模小一些，从他居住的时间上的跨度就可以知晓了。

桂琛在罗汉院期间，由于与保福从展的道场同在漳州，而且保福与桂琛之间本来就有私人往来，所以保福院的一些僧徒会慕名前来参学桂琛。如《正法眼藏》卷一载：

罗汉琛和尚问保福僧："彼中佛法如何示人？"曰："保福有时示众。"云："塞却汝眼，教汝觑不见；塞却汝耳，教汝听不闻；坐却汝意根，教汝分别不得。"琛云："吾问汝，不塞汝眼，汝见个甚么？不塞汝

耳,汝闻个甚么?不坐汝意根,汝作么生分别?"僧于言下有省。①

后梁贞明二年(916)漳州牧王公创漳州保福院,延请雪峰义存的法嗣弟子保福从展驻锡传法。保福从展与桂琛也曾同在雪峰处参学,根据文献中的一些记载,桂琛和他曾有往来,且有一些禅语机锋对话的记录,说明他们之间的关系比较切近。因此,桂琛驻锡的罗汉院与从展的保福院之间的往来自然就不可少了,上面的引文记载的就是保福院禅僧来参桂琛的往来记录。从上面桂琛与保福僧的一问一答中,可以知道保福从展平时接引弟子的教学方法,即意图从六根上的遮断来断除六根识对六尘的摄取,从而达到断惑的目的,桂琛很断然地否定了这种接引学僧的方法。桂琛认为学僧对六根的刻意遮断并不能阻止六根识摄取六尘,这是因为分别的意识已然存在。文献中说,保福僧经过桂琛的点拨而省悟了。这是桂琛在罗汉院宣法中比较著名的一个例子。从此一文献记载,我们可以发现保福从展与桂琛禅师在教学方法上的差异,桂琛偏向于从"唯识"的角度开解学人,从展偏向于用遮断(出离)根尘的方法开解学人。从这个角度说,桂琛的佛学素养显得要复杂丰富一些,至少其禅学中带有的"唯识"因素就很明显。

另《联灯会要》卷二十六云:"师插田次,见僧乃问:'一甚处来?'云:'南方。'师云:'南方近日,佛法如何?'云:'商量浩浩地。'师云:'争如我这里,种田抟饭吃。'云:'争奈三界何。'师云:'尔唤甚么作三界?'僧有省。"②这条灯录材料很明显描述的是桂琛禅

---

① [南宋]宗杲集:《正眼法藏》卷一,《万字续藏》第67册,第580页下。
② [宋]悟明集:《联灯会要》卷二十六,《万字续藏》第79册,第224页中。(《无灯严统》卷八把此则公案列在桂琛在地藏院传法时期,我们认为不妥。)

师在漳浦罗汉院期间发生的事。桂琛在插田时，正好碰到有僧人来向他参学。当他知道学僧是从南方来的时候，于是他又主动问起南方的禅宗发展的状况。学僧说很兴盛（浩浩地）啊。于是桂琛说，我这地哪能跟你那里（南方）比，我在这里需要自己种田赚饭吃。我们不知道桂琛是自我打趣还是什么，总之，说明他的修行生活很艰辛。我们知道，桂琛所在的漳浦，接近岭南。学僧所谓的南方，应该指的是今广东境内最初慧能所创的曹溪道场，是慧能大鉴禅师的祖庭，禅宗很兴盛也是可以想象得到的。

在《五灯严统》卷八中，罗列了桂琛在漳州罗汉院传法时期一段比较长的上堂①开示。我们知道，上堂开示是禅门仪轨中禅僧会集佛堂，聆听佛法的正式场合。如在《五灯严统》卷八桂琛开示云：

> 宗门玄妙，为当只恁么也，更别有奇特。若别有奇特，汝且举将来看。若无，去不可将两个字便当却宗乘也。何者两个字？谓宗乘、教乘也。汝才道着宗乘，便是宗乘；道着教乘，便是教乘。禅德、佛法、宗乘，元来由汝口瑞安立名字，作取说取，便是也。斯须向这里，说平说实，说圆说常。禅德，汝唤甚么作平实，把甚么作圆常。傍家行脚，理须甄别，莫相埋没，得些子声色名字，贮在心头。道我会解，善能拣辨，汝且会个甚么；拣个甚么，记持得底是名字，拣辨得底是声色。若不是声色名字，汝又作么生记持拣辨？风吹松树也是声，虾蟆老鸦叫也是声，何不那里听取拣择去。若那里有个意度模样，只如老

---

① 上堂有二种：一、上法堂，为演法而上法堂也，此有旦望上堂、五参上堂、九参上堂、谢秉拂上堂、谢都寺上堂、出队上堂、出乡上堂等；二、上僧堂，为吃粥饭而上僧堂也。参见丁福保编：《佛学大辞典》，北京：文物出版社，1984年，第219页。

师口里,又有多少意度?与上座莫错,即今声色搅搅地,为当相及不相及。若相及,即汝灵性金刚秘密。应有坏灭去也。何以如此,为声贯破汝耳。色穿破汝眼,因缘即塞却汝,幻妄走杀汝,声色体,尔不可容也。若不相及,又甚么处得声色来,会么?相及不相及,试裁辨看。少间又道,是圆常平实,甚么人恁么道?未是黄夷村里汉,解怎么说,是他古圣乖些子相助显发。今时不识好恶,便安圆实,道我别有宗风玄妙。释迦佛无舌头,不如汝些子,便怎么点胸。若论杀盗淫罪,虽重犹轻,尚有歇时。此个谤般若,瞎却众生眼,入阿鼻地狱吞铁丸,莫将为等闲。所以古人道,过在化主,不干汝事。珍重。①

上面这段桂琛禅师的上堂开示,非常精彩,也甚具禅林独特的语言风格,体现了桂琛演法的宗门特色。总结起来,有以下几点:

其一,关于宗乘、教乘、禅德辩。初学参禅者,容易在宗乘、教乘、禅德上纠缠不清。所谓宗乘,依义立宗也。唐朝初中期,佛教派别竞起,天台、三论、唯识、华严、净土、密、禅各宗演法,学人辩其宗,投其学。教乘,轨仪也,尊释仰尊,依律持戒。禅德,禅之胜义也。在桂琛看来,学者在宗乘、教乘、禅德三者之间莫要辩,这些无非也只是名字概念而已。真正的禅是很平常、平实的,不要在诸多名相中进行拣择。这是桂琛教导学僧在面对这些佛学概念时需要具备的基本认知和态度。

其二,拣择辩。关于拣择的概念,就是禅门中常说的妄分别。初学僧在参学时不容易守住自己的本心,容易被六尘染污,都是因为拣择分辨的原因造成的。他在这里列举了声、色外尘为例来进行论绎。

---

① [明]通融集:《五灯严统》卷八,《万字续藏》第 80 册,第 715~716 页。

其三，不立文字辩。桂琛以禅宗的不立文字、以心传心的法门来举"释迦无舌头"，以此方便和譬喻来告诉学僧释迦是"无法"可说，无法可传的，从而告诫学僧不要着法着相，滞舟凝筏，观指忘月。如果以释迦说法为据，就是谤般若、谤佛，要下地狱。因为法只是方便，所谓法尚能舍，何况是非法。参禅需要自心自悟，直指人心。

以上三点，我们认为是桂琛接引学人的禅法心要，这是桂琛在漳州罗汉院传法时期的演法心得。

此外，《五灯严统》卷八中还以桂琛与学僧之间的对答来进行演法。如：

> 僧问："如何是罗汉一句？"师曰："我若向汝道，便成两句也。"问："不会底人来，师还接否？"师曰："谁是不会者？"曰："适来道了也。"师曰："莫自屈么。"……问："以字不成，八字不是，未审是甚么字？"师曰："汝实不会那？"曰："学人实不会。"师曰："看取下头注脚。"问："如何是沙门正命食？"师曰："吃得么？"曰："欲吃此食，作何方便？"师曰："塞却你口。"问："如何是罗汉家风？"师曰："不向你道。"曰："为甚么不道？"师曰："是我家风。"问："如何是法王身？"师曰："汝今是甚么身？"曰："恁么即无身也。"师曰："苦痛深。"上堂才坐，有二僧一时礼拜。师曰："俱错。"问："如何是扑不破底句？"师曰："扑。"问："一佛出世，普为群生，和尚今日为个甚么？"师曰："甚么处遇一佛？"曰："恁么即学人罪过。"师曰："谨退。"问："如何是诸圣玄旨？"师曰："四楞塌地。"问："大事未肯时如何？"师曰："由汝。"问："如何是十方眼？"师曰："眨上眉毛着。"①

---

① ［明］通融集：《五灯严统》卷八，《万字续藏》第80册，第716页上。

以上这些禅门机锋的对话,在禅门宗师接引学人时比比皆是,也是灯录文学语言的重要特色。 其中最主要的一种回答方法就是"答非所问",老师常常以这样的方法来转移学僧对文字概念的执着而落入语言窠臼或葛藤①。 这样的例子对于桂琛在演法接引学人时的例子很多,此处不再列举。②

三、桂琛禅师的法嗣弟子

桂琛一生传法大约有二十四年左右,他在福州地藏院传法大约十八年时间,漳州(漳浦)罗汉院传法六年左右。 根据前文的介绍,他在地藏院接引的弟子大约有两百人左右,规模不算大。 而在漳州罗汉院接引的弟子,文献没有统计,只用了"不数载,南北参徒丧疑而往者不可殚数"来进行说明,实际上这些都可以算作是他的学生。 而能继承他法统的学生,在《景德传灯录》卷二十四中载录仅七人。 在这七人中,以文益禅师居首,并成为后来的大法眼宗师。 在上文中,我们介绍了他的其中四个法嗣弟子,即"金陵清凉文益禅师、襄州清溪洪进禅师、金陵清凉休复禅师、抚州龙济绍修禅师"四位。 下面再分别介绍剩下的三位法嗣弟子。

---

① 丁福保《佛学大辞典》词条"葛藤":(譬喻)譬烦恼也。又斥法门之烦者,又谓言语,禅家之常语。《出曜经》三曰:"其有众生,堕爱网者,必败正道,(中略)犹如葛藤缠树,至末遍则树枯。"《碧岩》十二则垂示曰:"却有许多葛藤公案,具眼者,试说看。"《种电钞》一曰:"葛藤者,谓语言。"《碧岩》第一则垂示曰:"看取雪窦葛藤。"《丛林盛事》曰:"禅家者流,凡见说事枝蔓不径捷者,谓之葛藤。"《楞伽经》一曰:"丛树葛藤句,非丛树葛藤句。"参见丁福保编:《佛学大辞典》,北京:文物出版社,1984年,第1161页。

② 按:另,桂琛还有一些传法时的记录散见在灯录等文献中,但是难以区分这些机锋对话是在地藏院或罗汉院,因此本书就不作罗列了。

杭州天龙寺秀禅师，《景德传灯录》卷二十四载：

> 杭州天龙寺秀禅师（先住岁丰）。师上堂谓众曰："诸上座多少无事，十二时中在何世界安身立命，且子细点检看，何不觅个歇处。因什么却与别人点检，若恁么去早落第二头也。"时有僧问："承师有言，恁么去早落第二头，学人总不恁么上来，师如何辨白？"师曰："汝却作家。"曰："恁么即今日得遇于师也。"师曰："汝且莫诈明头。"问："承古有言，二人俱错，未审古人意旨如何？"师曰："汝何不自检责。"曰："恁么即人天有赖也。"师曰："汝不妨灵利。"本国署清慧大师。①

在这段关于秀禅师的介绍中，没有出现他在桂琛处的悟道因缘，只录了他上堂时的开示语言，以及他在接引弟子时的机锋问答语。在桂琛的七位法嗣弟子中，名气可以说是不算大的。

潞州延庆传殷禅师，据《景德传灯录》卷二十四录：

> 潞州延庆院传殷禅师。僧问："见色便见心，灯笼是色那个是心？"师曰："汝不会古人意。"曰："如何是古人意？"师曰："灯笼是心。"问："若能转物即同如来，未审转什么物。"师曰："道什么？"僧拟进语。师曰："遮漆桶。"②

潞州（在今山西襄垣县北）延庆传殷禅师，是桂琛法嗣弟子中唯一一个学成后到北方传法的法嗣弟子。由此可见，虽然北方的南禅法系影响不大，但说明唐末五代时期，南方的禅宗向北方有所渗透，同时说明唐末五代时期南方以禅宗为首要的佛教重镇也在向北方输送佛教人才，这些人才往往以南宗顿悟为特色。我们从上面引文中就可以看到

---

① ［北宋］道原撰：《景德传灯录》卷二十四，《大正藏》第51册，第401页上。
② ［北宋］道原撰：《景德传灯录》卷二十四，《大正藏》第51册，第401页中。

典型的南宗禅法因子,如"见色便见心"、"能转物即同如来"、"遮漆桶"等术语大多是南宗禅法的惯常语言。遗憾的是,文献中的传殷禅师和上面的秀禅师一样,在灯录中没有记录他在桂琛处的悟道因缘的细节。

桂琛禅师的最后一位法嗣弟子是衡岳南台守安禅师,《景德传灯录》卷二十四有录:

> 衡岳南台守安禅师,初住江州悟空院。有僧问:"人人尽有长安路,如何得到?"师曰:"即今在什么处?"问:"如何是西来意?"师曰:"是什么意?"问:"如何是本来身?"师曰:"是什么身?"问:"寂寂无依时如何?"师曰:"寂寂底聻。"师因有颂曰:"南台静坐一炉香,亘日凝然万事忘。不是息心除妄想,都缘无事可思量。"①

上面引文中,同样是典型的禅门灯录语言,也是没有交代守安禅师与桂琛的悟道因缘。我们估计,很可能是他们在丛林中的影响比较小的原因,所以灯录等文献没有做更详细的记录。

以上补充介绍了桂琛法嗣弟子的最后三位,加上前文介绍的四位,桂琛的七位法嗣弟子的基本情况就完整了。

总之,桂琛禅师传法的一生,很难用宏大与恢弘来形容,其至略微带有点灰色的调子。桂琛禅师驻锡在福州地藏院时,传法方面总的来说是比较低调和保守的。而在漳州罗汉院时,由于道场本身的条件很简陋,但是桂琛仍能息心传法,过着艰苦的农禅生活。即使如此,他演法接引的学人仍"不可殚数",其行迹无愧是一代高僧。

---

① [北宋]道原撰:《景德传灯录》卷二十四,《大正藏》第51册,第401页中。

第五章　桂琛禅师的禅学思想

一、桂琛禅师的禅学思想构成

桂琛禅师的禅学思想构成是比较复杂和多样的，但是我们根据他参访的老师，基本上可以找到脉络。根据桂琛禅师一生行脚访学所参访的老师，文献中直接点明的依次有无相大师、云居道膺、雪峰义存、玄沙师备等四人，而他本人是在玄沙师备处悟道的。我们认为，桂琛的禅学思想除了受到无相大师、云居的影响不见文献载录外，他的禅学思想来源主要是受到雪峰和师备二位老师的影响最大，而最主要的老师当然是首推师备了。根据我们对文献的整理发现，桂琛的禅学思想主要体现在"三界唯心"、"一切现成"方面。其他方面诸如"密学"思想，虽然在文献中提到，但是在他的《明道颂》、《语录》中并没有提到，因此我们只做简单的评述。

（一）桂琛禅师"三种病人"公案中的"唯识"思想

桂琛禅师在与门人交接中，常用到"三种病人"的公案，以阐述他

的"唯识"禅学观。这种"唯识"禅学观,发展成他启发门人的"三界唯心"理论,并成为后来法眼宗的主要宗旨之一。桂琛禅师的"唯识"思想,我们认为主要还是来自玄沙师备的影响,其中以"三种病人"的公案成为阐释"唯识"思想的一个典型教学案例。经过研究,我们发现雪峰、玄沙、桂琛以及桂琛的门人文益基本上在接引门人中均有用到。

关于"三种病人"的公案,在接引学人方面其发轫是雪峰,如《雪峰义存禅师语录(真觉禅师语录)》卷一云:

(雪峰)师云:"医生门下多病鬼。"问:"古今相传,复有何言?"师云:"尔自看。"进云:"岂无视听?"师云:"不可患聋去也。"①

在上面雪峰与学僧之间的机锋问答中,雪峰强调"不可患聋去"的劝勉。而在桂琛接引弟子过程中,在《景德传灯录》卷二十一有"为声贯破汝耳,色穿破汝眼,缘即塞却汝幻妄,走杀汝声色体,尔不容也"的语句,实际上都是探讨根、境、尘之间的相互涵涉的问题。雪峰在上面所引的这段机锋对话中,在其法嗣弟子玄沙处又演变为"三种病人"的公案。《景德传灯录》卷十八云:

只如盲聋哑三种病人,汝作么生接?若拈槌竖拂他眼且不见。与他说话,耳又不闻,口复哑,若接不得,佛法尽无灵验。时有僧出曰:"三种病人,和尚还许人商量否?"(玄沙)师曰:"许汝作么生商量。"其僧珍重出。师曰:"不是不是。"(法眼云:"我当时见罗汉和尚举此僧语,我便会三种病人。"云居锡云:"只如此僧会不会?若道会

---

① [明]林弘衍编:《雪峰义存禅师语录(真觉禅师语录)》卷一,《万字续藏》第69册,第72页下。

玄沙又道不是；若道不会，法眼为什么道。我因此僧语便会三种病人，上座无事上来商量大家要知。")罗汉云："桂琛见有眼耳和尚作么生接？"中塔云："三种病人即今在什么处？"①

由此可见，雪峰"不可患聋去"的机锋应答与玄沙"三种病人"的公案之间有着明显的关联。关于"三种病人"的含义，较早在文献《法华玄义释签》卷九中有载："三种病人，谓五无间、诽谤正法、作一阐提。又有五种病人，谓八六四二及十千等，并是示为恶行故也。"②但是禅宗公案中的"三种病人"含义绝不是只《法华玄义释签》卷九中所说的那种意思，而是指"唯识"之义，即是世间万法皆是眼、耳、舌、身、意等"识"所现。而患"病"者是以"识"摄取诸法妄为真实，而没有认识到所摄诸法仅是"识"的变现，是虚妄不实的颠倒所见，即是《般若波罗蜜多心经》所谓的"颠倒梦想"而已。在上面的引文中，从云居到桂琛、中塔（即慧球），再到桂琛的弟子法眼文益等大都是熟知以"三种病人"来接引学人的方法。但是从这则公案的原初来源考证，还是出自雪峰的可能性较大。为此，我们认为：宗门中"三种病人"的接引方法很可能是雪峰僧团的教学方法之一。而无论是玄沙、桂琛，还是中塔（慧球），三人客观上都是属于雪峰僧团成员。所以桂琛的禅学思想中形成的"唯识"因素应该说跟此公案有一定的关联。

此外，我们还发现，桂琛佛学中有"唯识"的禅学思想，在玄沙和桂琛在机锋应接中多次出现，同时，桂琛在接引文益时也用到"唯识"

---

① [北宋]道原撰：《景德传灯录》卷十八，《大正藏》第51册，第346页中。
② [唐]湛然述：《法华玄义释签》卷九，《大正藏》第33册，第881页中。

的方法等等。如《五灯全书》卷十五有"沙问（桂琛）：'三界唯心，汝作么生会'"的记录。同时，《五灯全书》卷十八有"（桂琛）问（文益）曰：'上座，寻常说三界唯心，万法唯识……'"之语，可以看出桂琛禅法中对"唯识"思想的频繁使用。

实际上，以上桂琛禅师的禅学思想，我们认为可能与玄沙师备精通《楞严经》有关。我们从《楞严经》的大义中，能明显地看到唯识、如来藏的因素。因此，关于桂琛禅学中的唯识构成，还将在后面的章节中详细地论述。

（二）桂琛禅师的"一切现成"思想

在桂琛禅师的禅学构成中，"一切现成"思想有着重要的地位。从本质上来说，"一切现成"思想与《楞严经》中的"如来藏"思想有关。桂琛在地藏院启发文益禅师的一次机锋对接中，文益因此而开悟。这件事在《指月录》卷二十二中有记载："若论佛法，一切现成。师于言下大悟。"①在这里，文益禅师参桂琛因"一切现成"而悟道。桂琛的"一切现成"禅学思想是佛教中的"如来藏"思想，同时，如来藏思想也是《楞严经》中的主要思想之一。在桂琛的语录文献中，我们发现他经常使用到类似"一切现成"的"如来藏"禅法接引学僧。诸如《景德传灯录》卷二十一云：

> 师（桂琛）曰："见我竖拂子，便道示学人，汝每日见山见水，可不示汝？"师又见僧来。举拂子，其僧赞叹礼拜。师曰："见我竖拂子便

---

① ［明］瞿汝稷集：《指月录》卷二十二，《万字续藏》第83册，第643页下。

礼拜赞叹,那里扫地竖起扫帚,为什么不赞叹?"①

在上面引文中,桂琛以"竖拂子"来向学僧呈示佛性"一切现成"的"如来藏"思想,意思是说,佛法遍周法界,即使是"拂子"也同样佛性具足。

通过以上论述,我们认为桂琛的"一切现成"思想,很可能是受到玄沙领悟《楞严经》中"如来藏"思想的影响。值得注意的是,"一切现成"思想后来也成为法眼宗的家风之一,我们将在后面的章节中着重讨论这个问题。

(三)桂琛禅师的"密学"思想

桂琛作为玄沙的法嗣弟子,他的禅学受玄沙的影响最大。在现存文献中,《释氏通鉴》卷十二云:"漳州罗汉琛禅师,初参玄沙,与慧球齐名,号二大士。琛能秘重大法,痛自韬晦。"这里的秘重大法又是什么呢,很可能就是一种秘密法门。从他的老师玄沙师备的角度看,我们发现他阅读和研究《楞严经》颇有心得,向他请教的人也很多,这在前文也有提到。另外,他也好苦行,雪峰称他为备头陀。还有一点,就是玄沙好静坐,这一点也与南宗的禅法特色殊异。从这里,至少我们可知道玄沙的禅法与雪峰是有很多差异的,以至有《宋高僧传》卷十三《周金陵清凉文益传》所载"罗汉素知益在长庆颖脱,锐意接之。唱导之由玄沙与雪峰血脉殊异,益疑山顿摧,正路斯得"的描述,在这里,赞宁明确说明了玄沙与雪峰禅法的差异性,因此可以推测桂琛确实在玄沙处传承了不同于雪峰的独特"秘密"法门。

---

① [北宋]道原撰:《景德传灯录》卷二十一,《大正藏》第51册,第371页下。

桂琛的"密学"思想,在文献中有很直接的记载和说明。如《宋高僧传》卷十三云:"琛以秘重妙法,罔轻示徒,有密学恳求者,时为开演。"①这里的"秘重妙法"指的就是他的"秘密学"禅法。证据最明显者,如《佛祖纲目》卷三十四记载:"琛能秘重大法,痛自韬晦,丛林共指为雪峰法道所寄。"②该词条文献被清代纪荫编《宗统编年》卷十七所抄录。从这里的记录可知,桂琛的密法思想来源又说是来自雪峰的传授有很大的可能性。而且桂琛的"密法"被公认为"丛林共指为雪峰法道所寄"。因此,我们即使不能全信,至少我们认为他的禅法受到雪峰相当程度的影响是毋庸置疑的,否则就不会发生早期文献赞宁撰《宋高僧传》卷十三中鼓山神晏要求并威胁桂琛改嗣雪峰的事件了。另外,根据学者谢重光先生的研究,雪峰义存本人确实有禅密双修的迹象。③谢重光先生还列举雪峰的弟子诸如鼓山神晏、长耳和尚、无垢古佛、溪源萧公、扣冰古佛等人也有修密的行为。④在这份名单中,我们唯一没有发现其弟子同时是桂琛的老师玄沙师备有修密的记载。但是杜继文、魏道儒先生认为,神晏对桂琛的排斥(《宋高僧传》卷十三"终为晏谗而凌轢"),大约与桂琛继承玄沙师备的密学有关。⑤通过我们研究,这种看法是有事实依据的。因此,我们不禁要问,桂琛的"秘法"是受雪峰的影响还是玄沙的影响大些呢?我们可以认为,桂

---

① [北宋]赞宁撰:《宋高僧传》卷十三,《大正藏》第50册,第786页下。
② [明]朱时恩撰:《佛祖纲目》卷三十四,《万字续藏》第85册,第675页下。
③ 参见谢重光:《雪峰义存一系禅密兼修僧人事迹考述》,载杨曾文主编《雪峰义存与中国禅宗文化》,北京:中国社会科学出版社,2010年,第157页。
④ 谢重光:《雪峰义存一系禅密兼修僧人事迹考述》,载杨曾文主编《雪峰义存与中国禅宗文化》,北京:中国社会科学出版社,2010年,第157~163页。
⑤ 杜继文、魏道儒著:《中国禅宗通史》,南京:江苏人民出版社,2008年,第370页。

琛禅师的密学主要是受玄沙的影响,证据体现在以下两点:

其一,据《宋高僧传》卷十二载:"雪峰道也,恢廓乎骏奔四海,学人所出门生,形色不类,何邪? 玄沙乘《楞严》而入道,识见天殊,其犹谚曰青成蓝,蓝谢青。"①也就是说,雪峰的弟子类型很多,而其得意门生玄沙师备是以精研《楞严经》而入道的,见识卓越,他对禅学的理解还超过了雪峰(青成蓝,蓝谢青)。因此,我们认为玄沙跟雪峰的禅法殊异应该主要是指《楞严经》所启发的"秘密"禅法吧。所以,桂琛的"秘密"禅法主要应该是受到桂琛的影响。

其二,玄沙师备的"金刚体"思想对桂琛的影响。如《景德传灯录》卷十八《师备传》云:

> 汝今欲得出他五蕴身田主宰,但识取汝秘密金刚体。古人向汝道,圆成正遍遍周沙界。我今少分为汝智者,可以譬喻得解。汝见此南阎浮提日么? 世间人所作兴营养身活命种种心行作业,莫非承他日光成立,只如日体还有多般及心行么? 还有不周遍处么? 欲识此金刚体亦如是。只如今山河大地,十方国土,色空明暗及汝身心,莫非尽承汝圆成威光所现,直是天人群生类所作业,次受生果报有性无情;莫非承汝威光,乃至诸佛成道成果,接物利生;莫非尽承汝威光,只如金刚体,还有凡夫诸佛么?②

从上引文可知,玄沙反复施用"金刚体"来接引弟子,其中自然包

---

① [北宋]赞宁撰:《宋高僧传》卷十二,《大正藏》第50册,第782页下。同时,道原撰《景德传灯录》卷十八《福州玄沙宗·大师备传》亦载:"又阅《楞严经》发明心地,由是应机敏捷与修多罗冥契,诸方玄学有所未决必从之请益。"(参见[北宋]道原撰:《景德传灯录》卷十八,《大正藏》第51册,第344页上。)

② [北宋]道原撰:《景德传灯录》卷十八,《大正藏》第51册,第345页。

括桂琛。金刚体思想属于当时的密学思想。在《景德传灯录》卷十八《师备传》中还频繁出现诸如"诸佛顶族"、"陀罗尼"、"灌水"、"毗卢"、"秘密金刚体"等密学术语。同时,桂琛在接引学人时,也曾以"密学"接引学人,如《景德传灯录》卷二十八载:

<blockquote>漳州罗汉桂琛和尚上堂,大众立久。师曰:"……不是今日老师始解恁么道,他古圣告报,汝唤作金刚秘密不思议光明藏,覆荫乾坤,生凡育圣,亘古亘今谁人无分。"①</blockquote>

在上面的引文中,桂琛在上堂开示时就用到了"金刚秘密不思议光明藏"密学术语。因此,桂琛禅学思想中的"密学"思想是客观存在的。

以上阐述的关于桂琛的禅学构成,我们主要阐述了三点,即"唯识"、"一切现成"、"密学"等。我们认为,桂琛的佛学构成主要体现在"唯识"和"一切现成"方面,而"密学"在他的语录、著述《明道颂》诗偈中几乎很少体现。他的唯识思想发展成后来的"三界唯心"思想,与"一切现成"一道成为后来文益禅师建立法眼宗的主要思想来源。

二、桂琛禅师《明道颂》中的禅学思想

桂琛禅师除了门人对其语录机锋对话的记录,一生几乎没有私人著作传世,仅有一首偈诗《明道颂》②收录在灯录等文献中,从这首偈诗

---

① [北宋]道原撰:《景德传灯录》卷二十八,《大正藏》第51册,第447页下。
② [北宋]道原撰:《景德传灯录》卷二十九,《大正藏》第51册,第453页中。

可以了解他的一些禅学思想。桂琛禅师《明道颂》的创作时间不明，但可以肯定，是在他悟道后创作的，时间大致在入驻地藏院之后，即唐天祐年间（904—907）之后。关于《明道颂》这类的偈诗，其性质大多是禅师对自己开悟后的总结，并用于接引学人。以《明道颂》为名的偈诗至少在藏内文献中就出现三个不同作者的版本，分别是《景德传灯录》卷二十九载桂琛《明道颂》，《古尊宿语录》卷三十八载《明道颂》（作者不详）①，《宝觉祖心禅师语录（黄龙四家录第二）》卷一载黄龙晦堂心和尚和酬林长官《明道颂》②。从这三首不同的《明道颂》看，桂琛《明道颂》与《古尊宿语录》载《明道颂》的风格很相似。

根据以上所罗列的三个不同作者与内容的《明道颂》，在下面的论述中，我们将主要以桂琛著《明道颂》中的偈诗内容来分析他的禅学思想。《景德传灯录》卷二十九《漳州罗汉桂琛和尚明道颂一首》云：

> 至道渊旷，勿以言宣。言宣非指，孰云有是。
>
> 触处皆渠，岂喻真虚。真虚设辨，如镜中现。
>
> 有无虽彰，在处无伤。无伤无在，何拘何阂。
>
> 不假功成，将何法尔。法尔不尔，俱为唇齿。
>
> 若以斯陈，埋没宗旨。宗非意陈，无以见闻。
>
> 见闻不脱，如水中月。于此不明，翻为剩法。
>
> 一法有形，翳汝眼睛。眼睛不明，世界峥嵘。
>
> 我宗奇特，当阳显赫。佛及众生，皆承恩力。

---

① [南宋]赜藏主集：《古尊宿语录》卷三十八，《万字续藏》第68册，第252页下。
② （侍者）子和录、（门人）仲介重编：《宝觉祖心禅师语录（黄龙四家录第二）》卷一，《万字续藏》第69册，第255页中。

不在低头，思量难得。捺破面门，覆盖乾坤。

快须荐取，脱却根尘。其如不晓。谩说而今。①

上面的桂琛诗偈实际上是概括了桂琛悟道、演法的心得体会，也算是自己宗门的"宣言"。因此，深入理解和分析诗偈的意蕴，是认识桂琛禅学思想的方便途径。在下面的论述中，我们将以章句为单位进行深入解读。

起首第一句表达的是禅宗"不立文字"的思想。"至道渊旷，勿以言宣。言宣非指，孰云有是"，道性（即佛性）是无边无形的，遍周法界的，不是语言概念所指的分别世界。一旦用了语言，即着文字相，落入概念分别，便是落入虚妄了。自六祖慧能创立南宗，提倡不离文字见性成佛的顿悟法门，可以说是佛教史上的一次革命，也是佛教作为外来宗教彻底被中国化的标志。需要指出的是，禅宗提倡"不立文字"的思想，并没有反对借用"文字方便"来宣说佛法，否则也就不会出现经文、灯录、灯史等文字记录了。关于此观念，在《坛经》中有专门提到：

谤法：直言"不用文字"。既然"不用文字"，人不合言语，言语即是文字！自性上说空，正语言本性不空。迷自惑，语言除故。②

根据上面的引文，禅宗中所谓的"不立文字"，并不是指"不用文字"，《坛经》明确地说，语言也是文字，而语言作为般若工具，它是可以帮我们解除疑惑、无明的。所以，《坛经》认为"不用文字"是对"不立文字"的误解，是对佛法的谤言。因此，我们要正确理解"不立

---

① [北宋]道原撰：《景德传灯录》卷二十九，《大正藏》第51册，第453页中。
② 郭朋校释：《坛经校释》，北京：中华书局，1983年，第96页。

文字"的概念，对于"至道"而言，确实是很难用文字能表达清楚的，能用文字表达含义的只是帮助我们悟道成佛的方便概念而已。桂琛以此句"立宗"作为其诗偈的起首，具有开明宗义的意义，表明了其南禅宗门的特色。

第二句表达"一切现成"①的思想。在"触处皆渠岂喻真虚，真虚设辨如镜中现"中，表达顿悟佛道是触处皆现成（渠），无须他处更觅，尽眼处皆是方便。换句话说，也就是我们身边的一花一木都可以是法身的方便应现。通过翻检禅宗文献，我们发现"触处皆渠"的禅法思想是桂琛禅师的发明，而本质上还是"如来藏"思想。在桂琛之后，多有禅师利用"触处皆渠"来阐发他们的禅学思想。如《圆悟佛果禅师语录》卷十四云：

> 绵密无间，寂照同时，岁月悠久打成一片。而根本愈牢，密密作用，诚无出此。应当当处全真，则彼我遐迩触处皆渠，刹刹尘尘皆在自己大圆镜中。愈绵愈密，则愈能转换也。②

引文中圆悟克勤对"触处皆渠"的阐发与桂琛《明道颂》中的"触处皆渠"实际上是一个意思，也就是引文中所谓的"当处全真"，指的就是真如佛性遍含在周遭万物的意思。有意味的是，桂琛和圆悟克勤在论述真如遍含时都用到了"镜"的譬喻。这里的"镜"譬喻法身，因为镜能涵摄万物，显现无遗。对于"镜"譬喻，如《宗镜录》卷十云：

---

① 诸如法藏《三峰藏和尚语录》卷十一："藏又问，上座（法眼文益）寻常说三界唯心万法唯识，乃指庭石曰：'且道此石在心内在心外？'眼曰：'心内。'藏曰：'行脚人着什来繇安片石在心头。'眼窘求住，藏曰：'若论佛法一切现成。'法眼于是大悟。"参见［明］法藏撰：《三峰藏和尚语录》卷十一，《嘉兴藏》第34册，第177页下。前文已有详细的论述。

② ［北宋］圆悟克勤撰，绍隆等编：《圆悟佛果禅师语录》卷十四，《大正藏》第47册，第775页下。

大圆镜智者,如依圆镜,众像影现。如是依止如来智镜,诸处境识众像影现。唯以圆镜为譬喻者,当知圆镜,如来智镜,平等平等,是故智镜。名圆镜智,如来大圆镜。①

上文中对"大圆镜智"②的解释,正印证了桂琛《明道颂》中"镜"的禅意。桂琛自己实际上对"大圆镜智"的运用,也是有如来智、法身之意。因此,在这句中桂琛禅师在《明道颂》中已经开始呈示他的禅学思想,即"一切现成"于"镜"中显现。

第三句表达"有无彰显,无拘无滞"的禅学思想。"有无虽彰"表达的是法身真如对诸法空有的呈现,没有对待冲突的概念,很自在。所谓"即无拘无滞,谓之自在"③。"在处无伤"就是指没有挂碍了。因此,在这一句中,桂琛在后半句反问,既然没有挂碍,也没有实在的存在,我们又怎么会有拘束和障碍隔阂的感觉呢?这就是开悟后的大自在境界啊。所以,这一句是承接第二句中的体悟到"镜"智,法身、真如之后的大自在、"无拘无束"的思想境地。如果第二句是说"体",那么第三句就是讲"体"的妙"用"。实际上,体用是真如不二的。

第四句表达"法尔如如"的思想。在这一句是继续阐发"法身"、

---

① [北宋]永明延寿撰:《宗镜录》卷十,《大正藏》第48册,第472页下。
② 大圆镜智:显教四智之一。诸大乘教说如来之四智,凡夫之第八识至于如来,为大圆镜智。大圆镜者,喻也。其智体清净,离有漏杂染之法,自众生善恶之业报,显现万德之境界,如大圆镜,故名大圆镜智。《心地观经》卷二曰:"转异熟识得此智慧,如大圆镜,现诸色像。如是如来镜智之中,能现众生诸善恶业。以是因缘名为大圆镜智。(中略)常能执持无漏根身,一切功德为所依止。"《唯识论》卷十曰:"一切境相,性相清净,离诸杂染,纯净圆德现种依持,能现能生身土智影,无间无断穷未来际,如大圆镜现众色像。"又密教五智之一,密教于显教之四智,加法界体性智而为五智,配于五大五佛五方等。大圆镜智,东方也,地大也,阿閦如来也,菩提心也。《菩提心论》曰:"东方阿閦佛由成大圆镜智亦名金刚智也。"参见丁福保编:《佛学大辞典》,北京:文物出版社,1984年,第212页。
③ [北宋]宗镜述:《销释金刚经科仪会要批注》卷九,《万字续藏》第24册,第748页上。

"真如"之性,也就是说,法身、真如的内涵、特性。根据桂琛的认识,法身、真如是"不假功成"的,是自然具备(法尔),所谓佛性本来具足,不增不减。"法尔不尔"是两个相对的概念,在真如世界中,凡是相对的概念都是一体不二的,就像"唇齿"相依不可分割一样,这就是真如之性。同时,这种真如之性是"法尔如如",自然具足,平等法一的。所以,在桂琛的禅法中,他认为佛法本来具足圆满,无须造作。这一句,是桂琛禅师开悟后对真如之性的心得体会和总结。

第五句桂琛继续阐述法身、真如的"不假概念、文字"之性。在桂琛看来,对真如佛性的体悟是"只可意会,不可言表"的"自证自悟",是自我解脱。对真如法性的认识一旦诉诸文字概念,便会落入"言筌"、"窠臼",便会离"真如"越来越远。文字言筌对禅宗开悟的拘囿在灯录文献中有个专门的术语,叫"葛藤"。所谓葛藤,本是纠缠之意,比喻障碍、烦恼、言语之意。在丁福保《佛学大辞典》词条"葛藤"云:

> (譬喻)譬烦恼也,又斥法门之烦者。又谓言语,禅家之常语。《出曜经》卷三曰:"其有众生,堕爱网者,必败正道。(中略)犹如葛藤缠树,至末遍则树枯。"《碧岩》十二则垂示曰:"却有许多葛藤公案,具眼者,试说看。"《种电钞》卷一曰:"葛藤者谓语言。"《碧岩》第一则垂示曰:"看取雪窦葛藤。"丛林盛事曰:"禅家者流,凡见说事枝蔓不径捷者,谓之葛藤。"《楞伽经》卷一曰:"丛树葛藤句,非丛树葛藤句。"①

从上面引文中,我们可以知晓语言文字在禅宗开悟中的局限性。在禅宗修持中,语言只是方便而已。实际上,这个观念,早在《增壹

---

① 丁福保撰:《佛学大辞典》,北京:文物出版社,1984年,第1161页。

阿含经》卷三十九《马血天子问八政品》中，佛陀就有强调："比丘！当以此方便知之，法犹尚灭，何况非法。我长夜与汝说《一觉喻经》，不录其文，况解其义。"①在引文中，佛陀强调对于语言工具（法、经文等），都是不实在的，并"不录其文"，更何况加以解释了（"况解其义"）。所以桂琛在《明道颂》第五句中再次强调法身、真如的不可言宣性，且不可落入言筌的窠臼。

第六句桂琛表达娑婆世界中"诸法虚妄不实、无常"的观念。表达此一观念，桂琛禅师以不定性的"水"与"水中月"来譬喻诸法无常、虚妄的事实。后半句说如果没有认识到这个道理就不是真实的佛法实相（所谓"剩法"）。关于虚妄的"水中月"，在《维摩诘所说经》卷一《弟子品》有云：

> 一切法生灭不住，如幻如电，诸法不相待，乃至一念不住。诸法皆妄见，如梦如炎，如水中月，如镜中像，以妄想生。②

引文中关于一切法无常、无住法性，以及诸法妄见如梦、如炎（火）、如水中月，如镜中像，都是虚妄的幻想生成的。另《大智度论》卷六《序品》亦是同样观点："解了诸法如幻、如焰、如水中月、如虚空、如响、如犍闼婆城、如梦、如影、如镜中像、如化。"③很显然，我们只有认识到了诸法虚幻不实的法性，才能进一步认识到诸法的真如。同时，桂琛禅师应该是熟稔此种"诸法虚幻不实"观念的，因而才以此句"劝勉"学僧勿要持有虚幻不实的颠倒认识世界的方法。

---

① ［东晋］瞿昙、僧伽提婆译：《增壹阿含经》卷三十九，《大正藏》第2册，第761页上。
② ［后秦］鸠摩罗什译：《维摩诘所说经》卷一，《大正藏》第14册，第541页中。
③ ［印度］龙树造，鸠摩罗什译：《大智度论》卷六，《大正藏》第25册，第101页下。

第七句表达"不着相"的破法执观念。章句中"一法有形"就是着相,就是分别之意,就是法执。佛法中一旦着相,便会落入虚妄。至于"瞖汝眼睛",譬喻因着相而导致"无明"之意。类似的在《古尊宿语录》卷四十四有云:

> 上堂。今朝九月初十,衲僧门风壁立,不是宗乘强为,欲破禅家法执,遂拈拄杖云:"若唤作拄杖子,瞖汝眼睛;不唤作拄杖子,避色逃声。"乃掷下云:"还我师子儿来,喝一喝。"下座。①

语录中禅师为了破除学僧法执,则以"拄杖"为例:如果唤作"拄杖",则着相,落入法执,落入无明与虚妄(瞖汝眼睛);如果不唤作"拄杖",又落入"断见"(即"避色逃声")。无论是执有(法执)还是"断见"(空执),都是虚妄。桂琛在前半句中,就是为破除法执而设的。在后半句中,因法执而落入有差别的峥嵘世界,所谓《宏智禅师广录》卷二所云"森罗万象许峥嵘,透脱无方碍眼睛"。②我们看到千差万别的森罗万象世界,是因为落入法执产生虚妄无明的缘故。因此,在第七句中,桂琛禅师的目的主要还是意在破法执。

第八句是桂琛禅师的"赞",这一句具有立宗勉励学僧的意思。意思是说我的教法是很奇特,佛与众生皆泽被着此等禅法的恩力。

第九句是指学人获得了甚深微妙的佛法。

第十句督促学僧以此禅法的学习,从而可以获得解脱。

通观桂琛十句《明道颂》诗偈,我们发现其中有着丰富的禅学思想,包括"不立文字"、"一切现成"、"真如镜智"、"法尔如如"、"诸

---

① [南宋]赜藏主集:《古尊宿语录》卷四十四,《万字续藏》第68册,第292页上。
② [北宋]集成等编:《宏智禅师广录》卷二,《大正藏》第48册,第19页中。

法无常"、"破除法执"等禅学观念。从这些禅学思想中,我们可以一窥桂琛禅师禅学思想世界的究竟法门,对于后面讨论桂琛语录中的禅学思想具有一定的启迪作用。

诗偈《明道颂》实际上是道明了桂琛禅师接引学人的宗旨,是典型的禅门接引学人时富有特色的理论指导。诸如上面提及的"不立文字"、"一切现成"、"法尔如如"、"不着一相"等禅法宗旨,大都是南禅顿悟法门宗师开示学僧的常用方法。因此,我们认为《明道颂》中的禅宗思想,可以作为桂琛禅师宗门接引学人时的教学大纲。

二、《漳州罗汉桂琛和尚语(录)》中的禅学思想

除了上面桂琛禅师的《明道颂》,亦有一篇《漳州罗汉桂琛和尚语(录)》①。禅宗文献中的语录,大多是其学僧和门人对其祖师言语的记录。根据丁福保《佛学大辞典》"语录"词条:"(杂语)禅祖之语要,不事华藻,以俗谈平话宣之,侍者小师随而笔录者,名为语录。宋儒讲学,门弟子记其言论,亦袭是称。如上蔡语录之类,大抵以白话叙述,别为一格。"②因此,语录常以俗语,甚至夹杂方言来进行宣说。桂琛禅师的《语录》就是这样一种对话记录,大约有一千一百多字。在这篇语录中,桂琛向其门人苦口婆心地讲说禅门修学的法门。从今天的角度看,我们认为这些佛学知识实际上只是一种常识,但是在他那个时代,以"不立文字"、"顿悟成佛"的南宗学僧看来,要开悟也

---

① [北宋]道原撰:《景德传灯录》卷二十八,《大正藏》第51册,第447~448页。
② 丁福保编:《佛学大辞典》,北京:文物出版社,1984年,第1260页。

不是那么容易的事。我们通过对桂琛演说的这篇《语录》进行整理，对其中的禅学思想进行了概括，大致有以下几点，下面进行分别论述。

(一)拣择论

拣择，是对诸法万象的区别，是世间法。但是"拣择"对于佛法而言，则是一种虚妄分别，是一种颠倒见。因此，对于"拣择"的遮断，桂琛禅师有他独到的认识和开解方法。试看《漳州罗汉桂琛和尚语（录）》云：

> 漳州罗汉桂琛和尚上堂，大众立久，师曰："诸上座，不用低头思量。思量不及，便道不用拣择，委得下口处么？汝向什么处下口？试道看，还有一法近得汝，还有一法远得汝么？同得汝，异得汝么？既然如是，为什么却特地艰难去。盖为不丈夫男子，傻傻无些子威光，戚戚地遮护个意根，恐怕人问着。我常道，汝若有达悟处，但去却人我，披露将来，与汝验过，直下作么不肯。"①

上面桂琛《语录》中的这一小段话，是引导学人如何从意根上来观照"拣择"的问题。所谓拣择，实际上是指分别之意。世间法因"拣择"而执着于森罗万象的娑婆世界，并以此世间之诸法万象认为是实在。而佛家一旦"拣择"，便落入"着相"，所以很多学僧常以"勿拣择"成为口头禅。同时，《圆悟佛果禅师语录》卷十亦着重强调，"至道无难，唯嫌拣择"②。同样认识到"拣择"是世间法，是参禅悟道的障法。但是桂琛的认识有更深入一层，认为由意根生起的"不用拣择"

---

① ［北宋］道原撰：《景德传灯录》卷二十八，《大正藏》第 51 册，第 447 页中。
② ［北宋］圆悟克勤撰，绍隆等编：《圆悟佛果禅师语录》卷十四，《大正藏》第 47 册，第 757 页下。

的这一意识观念都不应该有。所以桂琛禅师才会向门人强调"诸上座，不用低头思量"，否则就会有"不用拣择"的观念意识产生。在桂琛看来，对于"不用拣择"的意识也是一种"拣择"（思量）。禅宗的开悟讲求的是一种直观的当下顿悟，认为意识的活动都是一种妄念分别，是对参悟的一种障碍（所谓"思维障"）。为了向门人说明这一个道理，他采用反问的方法："如果不用拣择（浑然为一），（那么参禅开悟）去哪里找突破口（下口）呢？"桂琛禅师采用反问的意图，又是驳斥"不用拣择"这一观念意识。接着桂琛继续演法，如果秉持"拣择"是异，不拣择是同，那么就产生"异"和"同"的观念，这也是"拣择"的结果。所以桂琛主要是从"意根"思维的角度告诫门人参禅的顿悟法门，认为意识活动是"拣择"的主要根源。从另外一个角度看，禅宗对"逻辑"化的意识活动基本上是采取否定的态度。禅宗所"肯定"的"意识"是一种"直觉"的"当下"顿悟。所以才有后来的禅僧学者认为"有句无句如藤倚树"①，有句是文字，无句可以看作"无声"的"意识"活动，二者均是对悟道的干扰（"如藤倚树"）。因而无论是桂琛还是后来的圆悟克勤，都对"有意识"的活动抱持否定的态度。所以桂琛才说一些学僧是"戚戚地遮护个意根，恐怕人问着"，这真是老师对学生参学路上殷切的"照护"了。实际上，桂琛所强调的开悟是"去却人我"的"直下作"式的当下顿悟，这是南宗提倡的悟道方式。

　　以上论述是讨论桂琛《语录》中"拣择论"的思想。总的看来，桂

---

① [北宋]圆悟克勤撰，绍隆等编：《圆悟佛果禅师语录》卷十四，《大正藏》第47册，第757页下。

琛是否定"理性"的意识活动，因为这也是一种"拣择"思维，是一种有意识的分别行为。桂琛所强调的是摒弃和否定有意识的"拣择"行为，倡导下意识的、当下的、直觉顿悟成佛，这是桂琛宗门的特色，也是南宗的参悟特色。

（二）佛法遍周沙界，勿妄立知见论

真如遍周沙界，是大乘佛教佛性论最基本的观点之一。这里的沙界，譬喻遍周法界。在《金刚般若波罗蜜经》（简称《金刚经》）中说："须菩提，于意云何？如一恒河中所有沙，有如是沙等恒河，是诸恒河所有沙数佛世界，如是宁为多不？"（须菩提言：）"甚多，世尊！"①在引文中，佛的数量犹如恒河所有沙的数，这是佛遍周法界的一种譬喻。《金刚经》同时也是禅宗所倚重的经典，很显然，《金刚经》也是持"佛法遍周沙界"观点的。学僧在具体的学习实践过程中，在情识上不能存知见（所谓"妄立知见"）。对于桂琛而言，他以"佛法遍周沙界"、不得"妄立知见"的观点来接引他的门人。在《漳州罗汉桂琛和尚语（录）》中又云：

> 师（桂琛）曰："诸上座……莫把牛迹里水以为大海，佛法遍周沙界；莫错向肉团心上妄立知见，以为疆界。此见闻觉知识想情缘。然非不是，若向遮里点头道我真实，即不得，只如古人道此事唯我能知，是何境界？还识得么？莫是汝见我，我见汝便是么？莫错会。"②

在这段桂琛的《语录》开示中，涉及丰富的禅学思想。《语录》中桂

---

① [后秦]鸠摩罗什译：《金刚般若波罗蜜经》卷一，《大正藏》第8册，第751页中。
② [北宋]道原撰：《景德传灯录》卷二十八，《大正藏》第51册，第447页中。

琛以"牛迹里水以为大海"譬喻佛法遍周沙界,并强调莫要在意识("肉团心")上寻此知见。在桂琛看来,即使"佛法遍周沙界"这一观念,也莫要在意识上存此观念。因此,对心识妄立知见的认识就显得尤为关键。桂琛认为,凡是经过"六识"(眼、耳、鼻、舌、身、意的认识、根境识等)生成的见解,在禅宗修习中都是属于"妄立知见"(实际上也是上面提到的"拣择"观)。在上面《语录》行文中,涉及"肉团心"的词语。此处的肉团心,专指"分别"知见之心,也就是世间法中的"拣择"之心。但是在禅宗大师宗密看来,肉团心是指我们生理意义上的心脏(古人认为人的思维器官是心,而非大脑),而非指具有意识活动功能的心。① 但是在桂琛《语录》中,他所说的"肉团心"则具有分别知见的功能,即是缘滤心。在智彻《禅宗决疑集》卷一中,认为"一即是心(此心是灵知之心,非肉团心、分别心),心即是一(一者众之王,故号为"心王"也),余何故如此分析切"。② 智彻认为肉团心就是(缘滤)分别心,与桂琛同。实际上,桂琛以"肉团心"来告诫门人莫生分别心,并强调,如果以"向肉团心上妄立知见,以为疆界",则是"闻觉知识想情缘"。对于悟道来说,则是自心自悟。此处的心既不是宗密说的生理性肉团心(纥利陀耶),也不是缘滤心,而是一种道心,即智彻所说的"心王","心即是一",是当下对身心世界的整体把握,即心即佛,佛即心,心佛不二。如果学僧参悟到以这种

---

① 但是根据[唐]宗密《禅源诸诠集都序》卷一:"一纥利陀耶,此云肉团心,此是身中五藏心也(具如《黄庭经·五藏论》说也)。二缘虑心,此是八识,俱能缘虑自分境故[色是眼识境,乃至根身种子器世界是阿赖耶识之境,各缘一分,故云自分),此八各有心所善恶之殊。"实际上,宗密在此处所说的肉团心,指的是生理意义上的心,即色蕴身的组成之一。参见[唐]宗密述:《禅源诸诠集都序》卷一,《大正藏》第48册,第401页下。

② [元]智彻述:《禅宗决疑集》卷一,《大正藏》第48册,第1011页下。

心来把握世界,那就是开悟了。桂琛之意,即在于此。

因此,桂琛以佛法遍周沙界(法界),不得以缘滤心妄立知见,成为他接引学人时的禅法特色。此种参悟禅法的方法,也是佛法修习中的基本观点,学人应知。桂琛以《语录》告知门人,以"古人道此事唯我能知"作为禅宗的自悟法门,这种需要不以"缘滤心"来"自证"的禅法,不是"汝见我,我见汝"的等同认识("莫错会")。所以桂琛说,不要错会了他的意思。

(三)开方便门,示真实相

在接下来的《语录》中,桂琛为门人演"开方便门示真实相"宣讲,他主要是从"生灭法"方便门切入进行开示,然后又从破五蕴、解空等法语开解弟子。在《漳州罗汉桂琛和尚语(录)》云:

> 师(桂琛)曰:"诸上座……我随生灭,身有即有,身无即无。所以古佛为汝今日人说,异法有故异法出生,异法无故异法灭尽,莫将为等闲。生死事大,此一团子消杀不到,在处乖张不少声色,若不破受想行识,亦然役得汝骨出在,莫道五阴本来空也,不由汝口便解空去。所以道,须得亲彻须真实也,不是今日老师始解恁么道。他古圣告报,汝唤作金刚秘密不思议光明藏,覆荫乾坤生凡育圣,亘古亘今谁人无分,既若如此更藉何人。所以诸佛慈悲见汝不奈何,开方便门示真实相。我今方便也汝还会么?若不会莫向意根下捏怪。"僧问:"从上宗门乞师方便。"师曰:"方便即不无,汝唤什么作宗门?"曰:"怎么即学人虚施此问?"师曰:"汝有什么罪过?"问:"佛法还受雕琢也无?"师曰:"作么不受。"曰:"如何雕琢?"师曰:"佛法。"问:"诸行无常

是生灭法,如何是不生不灭法?"师曰:"用不生不灭作么?"①

在上面引文中,桂琛禅师首先以"生灭法"引导门人领悟佛法真谛。所谓生灭法,是指娑婆世界众生以有为法观诸法万相为常,而佛法则以观世间法之诸法万相刹那生灭而破常见的旨要。如《长阿含经》卷二云:"佛告比丘……修习智慧,知生灭法,趣贤圣要,尽诸苦本。"②可见破众生常见为刹那生灭法,是修习智慧的根本。在桂琛看来,我们生活在无常的世界当中,但是对于修禅之人,仍会受到世间法"声色"的干扰("在处乖张不少声色"),因为我们的五蕴(人我③)六识的执着,时时会妄处即真,以断为常。正是这样,人才被虚妄、欲望所役使,堕入生死轮回。因此,桂琛告诫学子,为了破除世间常见,如果不破除人我的执着("若不破受想行识"),身心就不得自由,仍然会为物役("亦然役得汝骨出在")。所以,桂琛认为一旦知道五阴(即五蕴、人我)本来虚妄不实、无常为空的道理后,也不能仅抱持着这个念头去"解空"、"着空",而只有学僧自己真切体会到五蕴皆空的道理("须得亲彻,须真实也"),才是真切的体悟。桂琛在这里还是反复教导门人莫要"法执"(这里指"空执"),需要"自证自悟"才来得真切,才是自家体贴出来的。由这种"自证自悟"体会到的本心才是古佛先贤所谓的"金刚秘密不思议光明藏"(密教语,即显教所谓的"真如")。众生所看到的诸法万相(以及佛法经文)等只是一种方便,这些方便可以彰显出佛法真谛、真实相("开方便门,示真实

---

① [北宋]道原撰:《景德传灯录》卷二十八,《大正藏》第51册,第447页。
② [后秦]佛陀耶舍、竺佛念译:《长阿含经》卷二,《大正藏》第1册,第11页下。
③ 按:佛教认为,人我即五蕴,由"色、受、想、行、识"诸蕴组成。世间法认为人我是存在的,从而产生我执、法执等颠倒见。

相")。当学人问"什么是方便",实际上是一种法执,所以桂琛回答"方便即不无"(无所不在,遍周法界)。当学人继续抱持"生灭法"与"不生不灭法"的法执时,桂琛以反问"用不生不灭作么"来破除学生法执。

从上面的桂琛《语录》内容和论述中,我们发现他讲的实际上都是佛学的基本知识,估计这是为初入佛门的弟子宣讲的。所不同的是,桂琛向学人强调,参学时明白这些"教条"的道理固然重要,但主要的还是需要门人"自证自悟"("须得亲彻须真实也")。这是禅宗重要的观念。一方面是破除法执,另一方面督促学人返观自照。而桂琛在《语录》中提到的"生灭法"、"五蕴"诸法,只是佛法参学中的"方便"而已,目的是引导学人自己去发现"真实相"。

(四)诸境与声色名字

在上面的论述中,桂琛讲到要破除常见,就需要破除五蕴(人我、法我)。在佛教看来,产生"我执、法执"的根本,是五蕴对"人、境"的摄取妄以"生灭"(断)为"常"(真实)的缘故。所以在接下来的《语录》中,桂琛继续深入讨论"诸境"与"声色名字"的问题,从而为学人破除"法执"、"我执"提供方便法门。《漳州罗汉桂琛和尚语(录)》又云:

> 问:"诸境中以何为主?"师曰:"那个是诸境?"曰:"莫是疑处是么?"师曰:"把将疑处来。"问:"正恁么时是什么?"师曰:"不恁么时是什么?"曰:"学人道不得。"师曰:"口里是什么塞却?"师又曰:"诸人朝晡怎么上来下去,也只是被些子声色惑乱身心不安。若是声色名字

不是佛法,又疑伊什么?若是佛法不是声色名字,汝又作么生拟把身心凑泊伊。若是声色名字,总是声色名字;若是佛法,总是佛法。会么?异声无声,异色无色,离字无名,离名无字。试把舌头点看,有多少声色名字。自何而色以何为名,三界如是峥嵘,尚觅出头不得。因什么却特地难为去,只为诸人自生颠倒,以常为断悟,假迷真,妄外驰求,强捏异见。终日与人商量便有佛法,不与人商量便是世间闲人。话到遮里才举着佛法,便道拟心即差,动念即乖。寻常诸处元无,口似纺车,总便不差去。佛法事不是隔日疟,皆由汝狂识,凡情作差与不差解。"①

在上面引文中,桂琛以"境"与"声色名字"来开解弟子。我们知道,"境"是由五蕴中"识"生起和变现的,所谓"境由心生"就是这个意思。清净识才能生起无染境,染识生染境。所以当弟子问"诸境中以何为主"时,其本身已经是"拣择"与"法执"的观念了。桂琛为了破除门人这一"染"念,反问"那个是诸境",实际上是以一种"夺境"的方法,来破除学人的"法执"。关于人与境的关系,镇州临济慧照禅师说得真切,《镇州临济慧照禅师语录》卷一云:

师晚参示众云:"有时夺人不夺境、有时夺境不夺人、有时人境俱夺、有时人境俱不夺。"时有僧问:"如何是夺人不夺境?"师云:"煦日发生铺地锦,璎孩垂发白如丝。"僧云:"如何是夺境不夺人?"师云:"王令已行天下遍,将军塞外绝烟尘。"僧云:"如何是人境两俱夺?"师云:"并汾绝信,独处一方。"僧云:"如何是人境俱不夺?"师云:"王登

---

① [北宋]道原撰:《景德传灯录》卷二十八,《大正藏》第51册,第447页下。

宝殿，野老讴歌。"①

　　从上面《慧照禅师语录》中关于"人""境"关照的关系看，人是主体，境是主体观照的对象。禅宗的"夺"是一种"遮"法，是否定、阻断的意思，即破除对识的法执后的"空"观。引文中"人"、"境"之间的关系有四个层次：人我空，法不空；法空，人我不空；人、我、境俱空；人、我、境俱不空。而且在对话中对这四个层次的解释也很精彩。以上四个层次，祖师在引导学人时随宜方便施用。实际上，对于人、我、境而言，无论空、有具为法执。只有当人我破除了一切人我执、法执，人、我、境呈现法性如如之时，可以说是开悟了。所以在夺人夺境之后呈现的人境（俱不夺）如如状态，才是学人领悟禅法最高真理的状态。

　　那么如何认识境呢？桂琛以"声色名字"来开解弟子。声色属于耳根识和眼根识摄取的声境和色境，是凡俗认识中的声音世界和物质世界。名字，属于凡俗认识中的概念世界。在桂琛看来，很多学人"被些子声色惑乱，身心不安"，执着于佛法中的一些概念名字（"若是佛法不是声色名字，汝又作么生，拟把身心凑泊伊"）。在修禅过程中，对于千差万别的世界尚不能去拣择分辨（三界如是峥嵘尚觅出头不得），却被"声色名字"弄得"诸人自生颠倒，以常为断悟假迷真，妄外驰求强捏异见"的认识。此皆因虚妄分辨、法执的缘故。因此，学人参禅时不要起心动念，佛法本来是"寻常诸处元无口似纺车"（譬喻无法执，无滞碍，佛法通达无滞）的样子。

---

① ［唐］慧然集：《镇州临济慧照禅师语录》卷一，《大正藏》第47册，第497页上。

以上论述是对桂琛《语录》中关于破除五蕴诸识对境的颠倒认识，以及对佛法等声色概念名字的法执而对症宣法的，其目的还是希望学人能破除人我执、法执的观念。

（五）自证自悟

禅宗讲求的是自证自悟，老师的证悟方法不一定适合每个弟子，不能照本宣科，依葫芦画瓢。为了说明这个道理，《漳州罗汉桂琛和尚语（录）》云：

  忽然见我拈个槌子槌背，便作意度顾览。不然，见我把个帚子扫东扫西，便各照管。是汝寻常打柴，何不顾览招呼便悟去。上座佛法莫向意根下皮袋里作则度，汝成自赚，我不敢网绊初心，笼罩后学，各自究去无事。珍重！①

上面的引文非常生动地说明了修禅需要自证自悟的道理。如果学生看见老师"拈个槌子槌背"，便在意识里揣度老师的意图（佛法真意）。那老师"把个帚子扫东扫西"是否也是有佛法真意？桂琛的意思是说，老师无论拈槌子槌背还是拿把帚子扫地，只是日常的生活行为。佛法固然是体现在日常行为之中（当然包括拈槌子槌背和扫地），但是事事都去揣度老师的行为，就会落入法执的窠臼，妄执分别。因而学人在参悟过程中，需要在自己的日常生活里"自证自悟"（"汝成自赚"），不要在意识上生起妄念分别（"莫向意根下皮袋里作则度"）。

禅宗的顿悟是通过自我修证的大圆满，来达到"自证自悟"的解

---

① ［北宋］道原撰：《景德传灯录》卷二十八，《大正藏》第51册，第447页下。

脱。修行中的任何倚靠与揣度都是一种法执和虚妄,这是桂琛在语录中殷殷告诫("珍重")学人的道理。

四、桂琛禅师机锋语言中的禅学思想

以上我们从桂琛诗偈著作《明道颂》与其门人辑录的《漳州罗汉桂琛和尚语(录)》,来深入探讨了桂琛禅师的禅学思想。以上两种文献可以说是直接记载和集中体现桂琛禅学思想的文本。另外,我们在前面的行文中,部分讨论了桂琛与其老师、同学,以及接引学人时的一些机锋对话,并附带介绍了其中蕴含的一些禅学思想。除此之外,桂琛的一些禅学思想还散见于其他一些灯录、灯史、史传等宗教历史文献中,这些文献主要是通过桂琛禅师在与老师、同学和门人之间的机锋语言来体现的。我们在检视这些资料的过程中,还需要留意一些问题,即是在藏内文献中,同样一件事,其内容记载往往不一样,这是史传、灯录等文献在传抄(承)过程中部分编撰者或"有意为之"的现象。因此,在具体施用这些文献的过程中,对于宗教性的文本,我们认为"辨伪"的意义就显得不大,也没有必要。例如桂琛的法嗣弟子文益禅师,其悟道机缘的文献记载就出现至少五个不同版本①。基于此种现象,台湾学者黄绎动认为:

> 仔细思维文益各个传记在这 225 年间的演变和发展,我们实无法获悉与判断这些史传家陆续所获得的新讯息是从何而来?其真确

---

① 这五个版本为:北宋赞宁《宋高僧传》、北宋道原《景德传灯录》、北宋觉范惠洪《禅林僧宝传》、南宋晦翁悟明《联灯会要》,以及明《金陵清凉院文益禅师语录》。

性如何？然而本文之重点不在于评断何种文献资料是正确的，因为这些文献的内容资料也已经是历史的一部分。①

根据黄绎勋的看法，文献版本内容随着时代的变迁而逐渐完善，不排除文献编撰者"刻意为之"，这些资料实际上已经成为历史发展的一部分。因此，在下面对这些文献的讨论中，我们的重点也不在于这些资料的真伪，而是把这些资料看作是对桂琛这个宗教历史人物的完善。在本节的论述中，我们将拣择出记载有桂琛机锋语言的"历史"文献来探讨他的禅学思想。

关于桂琛与学人之间的机锋对话内容甚为丰富，除了我们在前面章节讨论的外，其他的还有多处散见与藏内史传与灯录等文献。下面将对这些文献中出现的桂琛机锋语言体现的禅学思想做出基本的评述。《万松老人评唱天童觉和尚颂古从容庵录》卷五载：

> 襄州清溪山主洪进禅师，为地藏琛和尚第一座。时有二僧俱礼地藏，藏曰："俱错。"二僧并无语，下请益修山主，主曰："汝自巍巍堂堂却礼拜他人，岂不是错！"②

引文中二僧礼拜地藏（桂琛），桂琛回答"俱错"，其原因在后面修山主做了解释，你们二人如此庄严（巍巍堂堂，譬喻为"庄严的人"），还参拜桂琛作什么。这里有个背景，即禅宗的宗旨是反对崇拜偶像与崇尚权威。二僧之所以礼拜桂琛，是因为桂琛名声大的缘故，或为向老师请教的缘故。桂琛拒绝二僧的参拜，就是要破除二僧崇尚权威的

---

① 黄绎勋：《法眼文益悟道历程及其史传文献意义考》，《台大佛学研究》第24期，2012年，第59～60页。
② [元]行秀评唱：《万松老人评唱天童觉和尚颂古从容庵录》卷五，《大正藏》第48册，第271页中。

行为。禅宗的悟道是自心自悟,是没有偶像和权威的,每个人心中都驻有个佛,即心即佛。但在这里体现了桂琛反对参拜偶像、权威的禅学思想。

另《景德传灯录》卷二十四载:

> 地藏问曰:"子去未久,何以却回?"师曰:"有事未决岂惮跋涉山川。"地藏曰:"汝跋涉许多山川也还不恶。"师未喻旨,乃问曰:"古人道万象之中独露身意旨如何?"地藏曰:"汝道古人拨万象不拨万象?"师曰:"不拨。"地藏曰:"两个也。"师骇然沉思而却问曰:"未审古人拨万象不拨万象。"地藏曰:"汝唤什么作万象?"师方惺悟。①

引文中的地藏为桂琛,师指桂琛的法嗣弟子绍修禅师。关于"万象之中拨万象不拨万象"的公案在前面的章节已经讨论过,这里再作一些补充。"万象"指的是有为法的分别世界,"独露身"是指万象的法身或真如法性。桂琛反问"汝唤什么作万象",实际上是让绍修禅师不要去分别和执着于万象这一概念的意思。这里体现的是桂琛禅法中"勿拣择"、"勿着相"的禅学思想。关于桂琛勿分别的禅学思想,在《景德传灯录》卷二十四亦云:"保福僧到地藏,地藏和尚问:'彼中佛法如何?'曰:'保福有时示众道:塞却尔眼教尔觑不见;塞却尔耳,教尔听不闻;坐却尔意,教尔分别不得。'地藏曰:'吾问尔,不塞尔眼,见个什么?不塞尔耳,闻个什么?不坐尔意,作么生分别?'"②"分别"是"有","无分别"是性"空","断有"趣"空"是"空执",同样也是法执,桂琛反问之意即是如此。在桂琛看来,"真如法性"是不二

---

① [北宋]道原撰:《景德传灯录》卷二十四,《大正藏》第51册,第400页下。
② [北宋]道原撰:《景德传灯录》卷二十四,《大正藏》第51册,第437页。

（空与有）法门，不执二边的。

对于禅宗法门中真如法性"不二"的理解，在《万松老人评唱天童觉和尚颂古从容庵录》卷一有录这样一段机锋对话：

藏曰："山河大地与诸尚座，是同是别？"修曰："是别。"藏竖两指，修急曰："是同是同。"藏亦竖两指起去，法眼曰："院主竖两指，其意如何？"修曰："乱与。"眼曰："不得粗心欺他。"①

从引文机锋对话看，修禅师（绍修）在回答桂琛的提问时对"山河大地与诸上座"的概念进行了拣择分别，很明显是一种分别性法执。同时，对于"同"与"别"的概念，我们认为桂琛"竖两指"以示"同异不二"之意，不能执着于一边。而绍修和法眼（文益）亦没有领悟到桂琛的"不二"真意。

在《景德传灯录》卷二十一《漳州罗汉桂琛禅师》中，也记载有不少机锋对话言语。诸如《灯录》卷二十一曰：

僧问："如何是罗汉一句？"师曰："我若向尔道成两句也。"问："不会底人来师还接否？"师曰："谁是不会者？"曰："适来道了也。"师曰："莫自屈。"②

很明显，在上面的机锋语言中，桂琛禅师以机智幽默的禅风破除学僧的法执、人我执。此处的"罗汉一句"，在桂琛禅师看来是一种典型的法执，进而桂琛以"谁"来扫除学人对"不会的人"的人我执，可谓是对症下药。

---

① ［元］行秀评唱：《万松老人评唱天童觉和尚颂古从容庵录》卷五，《大正藏》第48册，第234页下。
② ［北宋］道原撰：《景德传灯录》卷二十一，《大正藏》第21册，第371页中。

《景德传灯录》卷二十一又载：

> 问："如何是沙门正命食？"师曰："吃得么？"曰："欲吃此食作何方便？"师曰："塞却尔口。"问："如何是罗汉家风？"师曰："不向尔道。"曰："为什么不道？"师曰："是我家风。"问："如何是法王身？"师曰："汝今是什么身？"曰："恁么即无身也。"师曰："苦痛深。"师上堂才坐，有二僧一时礼拜，师曰："俱错。"问："如何是扑不破底句？"师曰："扑。"问："一佛出世普为群生，和尚今日为个什么？"师曰："什么处遇一佛？"曰："恁么即学人罪过。"师曰："谨退。"问："如何是罗汉家风。"师曰："表里看取。"问："如何是诸圣玄旨。"师曰："四楞塌地。"问："大事未肯时如何？"师曰："由汝。"问："如何是十方眼？"师曰："眨上眉毛着。"①

上面这段引文是关于学僧与桂琛的机锋对话，禅学思想很丰富，总括起来有以下五层意思：其一，破"沙门正命食"法执；其二，破"罗汉家风"法执；其三，破"法王身"法执；其四，破"佛"法执；其五，以答非所问"如何是诸圣玄旨"、"何为十方眼"来破除学僧法执。很显然，在众多学僧中，对"沙门正命"、"罗汉家风"、"法王身"、"佛"、"诸圣玄旨"、"十方眼"等充满向往，从而对这些概念产生了执着，而桂琛针对这些学僧提问的概念一一进行驳斥和扫除，使学僧在执着于概念的妄意中领悟禅法妙谛。总之，桂琛在接引学人当头时刻不忘以机锋方便来破除他们的诸多执念，以敦促学人悟得真如法门。

《景德传灯录》卷二十一续载：

> 师玩月乃曰："云动有雨去。"有僧曰："不是云动是风动。"师曰：

---

① ［北宋］道原撰：《景德传灯录》卷二十一，《大正藏》第21册，第371页中。

"我道云亦不动风亦不动。"僧曰:"和尚适来又道云动。"师曰:"阿谁罪过。"师见僧来举拂子曰:"还会么?"僧曰:"谢和尚慈悲示学人。"师曰:"见我竖拂子便道示学人,汝每日见山见水,可不示汝。"师又见僧来,举拂子,其僧赞叹礼拜,师曰:"见我竖拂子便礼拜赞叹,那里扫地竖起扫帚,为什么不赞叹?"(玄觉云:"一般竖起拂子拈一种物,有肯底,有不肯底道理,且道利害在什么处。")僧问:"承教有言,若见诸相非相则见如来,如何是非相?"师曰:"灯笼子。"问:"如何是出家?"师曰:"唤什么作家?"师问僧:"什么处来?"曰:"秦州来。"师曰:"将得什么物来?"曰:"不将得物来。"师曰:"汝为什么对众谩语?"其僧无语,师却问:"秦州岂不是出鹦鹉?"僧曰:"鹦鹉出在陇州。"①

在上面桂琛与学僧的机锋对话中,涉及两个禅门公案。其一,是六祖慧能大师"不是风动,不是幡动,仁者心动"公案②。此公案的意思是心如工画师,诸法万相都是心的变现,万法唯识所造。其二,是"举拂子"公案。这则公案是说桂琛常以"举拂子"向学僧开示佛法真意,而学僧便误以为"举拂子"即是佛法道真。桂琛本意其实无非是说诸法妙道涵容在万相之中,真俗不二。拂子自然亦法身的体现,具备缘起性空的真如法性。而学僧见桂琛举拂子,未能领会他的真意,故而出现后面的暗喻"鹦鹉(学舌)"③譬喻。在这里,桂琛为了

---

① [北宋]道原撰:《景德传灯录》卷二十一,《大正藏》第21册,第371页。
② [元]宗宝编:《六祖大师法宝坛经》卷一,《大正藏》第48册,第349页下。
③ "鹦鹉学舌"的禅门公案出自《景德传灯录》卷二十八,:"僧问:'何故不许诵经唤作客语。'师曰:'如鹦鹉,只学人言,不得人意。经传佛意,不得佛意而但诵是学语人,所以不许。'曰:'不可离文字言语,别有意耶?'师曰:'汝如是说亦是学语。'"这里的师是指"越州大珠慧海和尚",公案主旨是讲佛法真意不能死抱经文条目,需要自了自悟。(参见[北宋]道原撰《景德传灯录》卷二十八,《大正藏》第51册,第443页下。)

破除学僧"鹦鹉学舌"的法执观念，反问"见我竖拂子便礼拜赞叹，那里扫地竖起扫帚，为什么不赞叹"。此外，当学僧抱持"若见诸相非相则见如来"的文句时，对"非相"这一概念产生了疑问：在桂琛看来，学僧对文句概念的执着，本身是对佛法了悟的阻碍。所以桂琛以"灯笼子"回应"非相"的提问，意味着诸法万相均是"非相"，灯笼亦是。后来学僧抱持着"出家"的概念不放，桂琛亦破之。所以，在这一小段机锋对话中，桂琛告诉学子以下诸点：守住心，不为外缘所动；佛法需要自了自悟，莫学他人而"鹦鹉学舌"；莫死守文句概念，莫着相，要破除法执。可以说，这些机锋言语浸透着桂琛的禅学智慧。

《景德传灯录》卷二十一续载：

> 僧问："如何是学人本来师？"曰："是心汝本来心。"僧问："师居宝座说法度人，未审度什么人。"师曰："汝也居宝座度什么人？"僧问："镜里看形见不难，如何是镜？"师曰："还见形么？"僧问："但得本莫愁末如何是末。"师曰："总有也。"师因疾，僧问："和尚尊候较否？"师以杖挂地曰："汝道遮个还痛否？"僧曰："和尚问阿谁？"师曰："问汝。"僧曰："还痛否？"师曰："元来共我作道理。"①

在这段机锋引文中，桂琛提到了"是心汝本来心"的禅宗核心问题。禅宗作为反对偶像、不立文字的宗派，讲求以"本来心"了悟佛性，而非他作。机锋中还提到了"镜里看形"的譬喻。在前面的章节论述中，我们知道，在佛教经论中，常以镜譬喻真如法性。由于镜能显现诸法万相，由此以镜比喻"大圆镜智"，真如之智。学僧不解此理，自然是着"镜"着"形"了。在引文后面，还涉及"五蕴"人我的

---

① ［北宋］道原撰：《景德传灯录》卷二十一，《大正藏》第21册，第371页下。

机锋问辩。桂琛生病,学僧来问疾。在桂琛方面看来,已经开悟并了脱生死,自然是知道病痛之躯所谓的五蕴和合性空之理。所以当学僧问"痛否",桂琛以"元来共我作道理"回答。因为在桂琛看来,学僧是着了"人我"法执的。当人一旦破除了人我法执,"病"的观念亦应破除了。

我们通过以上对桂琛机锋语言中的禅学思想讨论,得以窥知桂琛作为一代宗师的风貌。实际上,在藏内灯录、灯史、僧史文献中,涉及桂琛机锋对话的文献还有一些。比如文益禅师在桂琛处的悟道因缘,就涉及多个版本,悟道的机锋语言也不尽一致,这在黄绎动的论文中有非常详尽的论述,因而此处略过。①

另外,一些有关桂琛禅师的机锋对话语言的文献大多是对早先文献的转录和重复,因此我们在本书中不再进行罗列和讨论。

---

① 黄绎动:《法眼文益悟道历程及其史传文献意义考》,《台大佛学研究》第24期,2012年,第61~92页。

第六章　桂琛禅师的历史地位与影响

一、对桂琛禅师历史地位的评价

通观全书，对桂琛禅师的认识和论述，我们可以对他在历史上的宗教及思想地位有个比较全面及清晰的认识。总的来讲，桂琛在禅宗史上并不算特别耀眼的人物，虽然贵为宗师，但没有建立宗派。他的一生除了颠沛流离，在宣法中亦很黯淡，甚至遭到雪峰僧团的排挤。他被公认的耀眼之处是对法眼宗师文益禅师的接引并使其开悟，从而成为法眼宗承上启下的关键人物。从这个层面来说，至少我们研究禅宗灯史，以及研究法眼宗，桂琛禅师都是我们绕不开的宗教人物。他作为大宗师玄沙师备的第一法嗣弟子，被尊为青原系下第八祖，这是非常难得的。因此，在下面的论述中，我们将从桂琛的游学宣法、禅学思想、对法眼宗成立做出的贡献等方面进行分析。

其一，游学宣法。桂琛既冠出家常山万岁寺，不到两年离开，前往云居山道膺道场学禅。未果，进入福建福州，参学雪峰义存。由于

不大发明，转投玄沙门下并彻悟，成为玄沙的得力助手。唐天祐（904—907）年间，离开玄沙，前往处于福州西地藏院进行宣法。雪峰、玄沙圆寂后，遭到神晏禅师排挤，不得已于后梁龙德二年（922）文益参桂琛之后离开地藏院，前往福建之南端漳州罗汉院宣法。后唐天成三年（928）又返回福州旧地，是年秋圆寂，享年62岁。以上是桂琛一生的大致游学与宣法的经历。纵观桂琛禅师的一生，他正生活在唐末五代军阀割据、混战的时代。由于北方的政治动荡，大量移民包括禅僧在内部进入相对安定的南方，使得佛教重心的难移，其中偏安一隅的福建成为江南东道禅宗重镇，桂琛即是生活在这一时期。所以桂琛禅师的经历，成为唐末五代时期禅僧游学、宣法的一个典型案例。特别是福建充裕的寺院经济，使得他既是禅宗兴盛的受益者，也是传播禅法的践行者。从这个层面上说，桂琛在传播禅学方面可以说是做出了杰出的贡献。同时，他作为法眼宗师文益禅师的开悟老师，更是为法眼宗的创立做出了应有的理论贡献。

其二，禅学思想的贡献。桂琛的禅学思想主要体现在他对玄沙禅脉的继承和发扬。这些思想主要体现在"三界唯识"、"一切现成"方面等等。其主要的禅法理论集中体现在有关他的语录，以及他创作的诗偈《明道颂》中。客观地说，他的禅学理论成果不多。在其他方面，他接引学人时的家风诸如"切忌拣择"、"三种病人"等教学方法，亦是他的特色。

其三，对法眼宗的重要影响。桂琛在历史上最浓重的一笔是他对法眼宗创立的重要影响。这主要体现在他是文益禅师的开悟老师，文益的徒辈们直接创建了法眼宗，文益被后人尊为法眼宗的一代宗师。

法眼宗成为禅宗五家中最后成立的一个重要宗派，可以说，桂琛是功不可没。

综合以上三点，我们借用书中开篇的那句话，桂琛禅师作为禅宗青原一系第八祖，是研究中国禅宗绕不开的历史宗教人物。桂琛对法眼宗的创建起到了承上启下的关键作用，从这个意义上说，桂琛可以说是中国禅宗发展历史上的一位杰出禅僧。

二、桂琛禅师对法眼宗的影响

桂琛禅师的历史影响，除了他是青原一系的第八祖之外，他的主要影响是对法眼宗建立的理论做出贡献。而桂琛在其他方面的影响，由于并不显著，我们略过不论。在这里，我们将主要讨论桂琛禅师对法眼宗的影响。桂琛禅师对法眼宗的影响，我们认为主要体现在他对法眼宗的宗师文益禅师的启迪与开悟方面，以及对法眼宗立宗的理论建构。从前面的行文我们知道，文益在桂琛禅师处的彻悟，得益于桂琛在玄沙处继承的"三界唯心"、"一切现成"的禅学思想，并成为法眼宗的主要禅法宗旨与家风。另外，在文益禅师建立的法眼宗的弟子辈中，诸如德韶、慧明禅师，均以扬玄沙、桂琛的禅法宗旨为要，客观上也是得益于桂琛禅师对文益的接引与启发。

因此，在下面的论述中，我们将介绍桂琛禅师与法眼宗的因缘以及法眼宗是如何对桂琛禅师的思想进行继承的，从而可以探讨桂琛禅师如何对法眼宗产生直接或间接的影响。

（一）桂琛禅师与法眼宗的因缘

我们在前文中说过，桂琛禅师是玄沙师备的法嗣，而且是法眼宗的创立者清凉文益（885—958）的开悟老师，所以我们说桂琛禅师是法眼宗承上启下的关键人物。在桂琛禅师生前，作为禅宗五家①之一的法眼宗还没有成立。关于法眼宗成立的时间，是在文益禅师圆寂之后，因南唐中主李璟赐谥文益禅师为"大法眼禅师"，后世是以其谥号命名其创建的宗派。所以从这个意义上说，桂琛与法眼宗的创立没有直接的关系。尽管如此，从因缘上来说，我们依然认为，没有桂琛禅师对文益的禅学启发，文益是不大可能成为后来法眼宗的一代开山祖师的。在杜继文、魏道儒二先生的《中国禅宗通史》中说："漳州罗汉院桂琛所传玄沙师备的宗旨，到他的弟子辈，于南唐、吴越得到很大的发展，成为五代末期影响最大的宗系，后被称作法眼宗。"②由此可见，桂琛和法眼宗实际上是继承了玄沙师备的禅法宗旨，而桂琛在其间起到了桥接的作用。那么桂琛对于继承玄沙宗旨，是如何传承给文益禅师并成为后来法眼宗的主要宗旨的呢？这需要用文献资料来进行说明。

首先，我们知道玄沙师备和桂琛禅师实际上都属于雪峰僧团。但是在赞宁撰《宋高僧传》卷十三中明确指出："罗汉素知益在长庆颖脱，锐意接之。唱导之由玄沙与雪峰血脉殊异，益疑山顿摧，正路斯得。"③在这里，有两个信息，其一，桂琛在接引文益之前，知道他是在

---

① 分别为临济宗、沩仰宗、曹洞宗、云门宗、法眼宗，加上临济宗下分出的杨岐派、黄龙派，合成五家七宗，其中法眼宗是最晚成立的一个宗派。
② 杜继文、魏道儒著：《中国禅宗通史》，南京：江苏人民出版社，2008年，第377页。
③ ［北宋］赞宁撰：《宋高僧传》卷十三，《大正藏》第50册，第788页。

雪峰的得法弟子长庆慧棱处参学。其二，赞宁认为文益在长庆慧棱那里之所以没有开悟，主要的原因是玄沙和雪峰的禅法不是一个路子，即所谓的"血脉殊异"，而桂琛继承的正是玄沙师备的禅脉。正因为如此，才使得文益"疑山顿摧，正路斯得"，从而得到开悟。正如《五灯会元》卷十《金陵清凉院文益禅师》载：

  师（文益）缘被于金陵，三坐大道场，朝夕演旨，时诸方丛林，咸遵风化。异域有慕其法者，涉远而至。玄沙正宗，中兴于江表。①

从上面引文可见，以文益禅师为首建立的法眼宗，实际上传播的是玄沙的禅法宗旨，桂琛在其间起的只是"传递"玄沙禅法的角色。同时，在后来的禅僧学者性统禅师《五家宗旨纂要》卷三中，亦明确指出"法眼禅师（文益）……大振雪峰、玄沙之道"②，同样暗示桂琛在玄沙和法眼文益之间起的只是传承与过渡的作用。但是我们认为这些文献的表述，对桂琛禅师是欠公允的。

另外，文益禅师的首席法嗣弟子，同时也是法眼宗的其中一个重要人物天台山德韶禅师（891—972），传承的也是玄沙的禅法宗旨，据《宋高僧传》卷十三《宋天台山德韶传》记载：

  释德韶者，姓陈氏，缙云人也。幼出家于本郡登，戒后同光（923—925）中寻访名山，参见知识，屈指不胜其数。初发心于投子山和尚，后见临川法眼禅师，重了心要，遂承嗣焉。始入天台山，建寺院道场。无几，韶大兴玄沙法道，归依者众。③

---

① ［南宋］普济撰：《五灯会元》卷十，《万字续藏》第80册，第199页上。
② ［清］性统编：《五家宗旨纂要》卷三，《万字续藏》第65册，第281页下。
③ ［北宋］赞宁撰：《宋高僧传》卷十三，《大正藏》第50册，第789页上。

从引文看，法眼宗的重要人物德韶禅师，他兴演的也是玄沙师备的宗旨。引文中之所以没有提到桂琛禅师，主要的原因是桂琛和法眼宗的弟子辈们一样，是传承玄沙的禅法要旨的。

文益的另一个弟子慧明禅师（生卒年不详），同样是参法眼而悟道。在《补续高僧传》卷十八《杭州报恩院慧明传》记载：

> 慧明，蒋氏子也，幼岁出家。三学精练，过临川谒法眼，豁然有省。回鄞水，庵居大梅山。吴越部内，禅学虽盛，而以玄沙正宗。筑之阃外，师欲整而导之。①

慧明作为法眼的第二法嗣弟子，和德韶禅师一样，以弘扬玄沙的法旨为任。而且在吴越地区，玄沙的禅学影响很大，和上面关于德韶禅师的引文一样，没有提及桂琛禅师。但是在明代吴之鲸著《武林梵志》卷十一《五代杭州报恩（寺）慧明禅师》中，则明确指出"师（慧明）盛谈玄妙宗一大师及地藏法眼宗旨"②。在这里，吴之鲸明确地把慧明禅师的禅学宗旨归于玄沙（宗一大师）、地藏（桂琛）与法眼（文益）三位宗师。

所幸的是，我们发现在法眼宗著作《人天眼目》卷四《要诀》中有说："清凉大法眼，旺化石头城。首明地藏指头，顿见玄沙祖祢。"③亦明确地点明了桂琛与法眼宗、玄沙之间的禅脉关系。

令人遗憾的是，在上面提及的个别文献中，在论及法眼宗的宗旨溯源时，直接越过桂琛而述及玄沙。我们推测其中具体的原因也许是桂

---

① ［明］明河撰：《补续高僧传》卷十七，《万字续藏》第77册，第492页中。
② ［明］吴之鲸著：《武林梵志》卷十一，《大藏经补编》第29册，第723页上。
③ ［南宋］智昭集：《人天眼目》卷四，《大正藏》第48册，第325页上。

琛的老师玄沙义存的名气确实太大，而前面我们说到桂琛禅师本人的性格又比较低调（"密行累载，初衷韬藏"），同时又遭到雪峰僧团神晏的排挤等诸多因素。所以我们认为尽管法眼宗的开山人物文益禅师是在桂琛处开悟，但是法眼宗的弟子们通常认为他们和桂琛一样，传承的都是玄沙的法席。如果是这样，我们可以很容易地看出，桂琛从某种意义上说，在玄沙和法眼宗之间，真正是起到了承上启下的关键作用。

为了更加清晰地说明这种传承，我们来看看下面"雪峰禅系略表"。

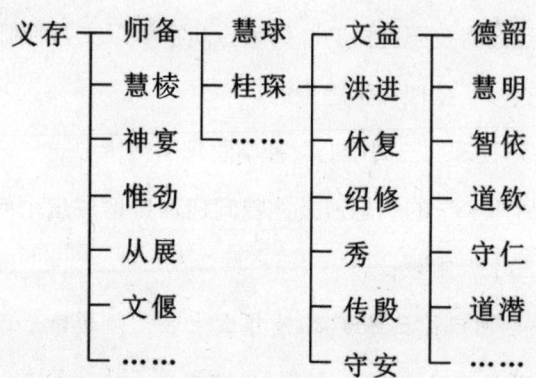

雪峰禅系略表

从上面的"雪峰禅系略表"可以看出，桂琛禅师通过继承师备的法旨，然后传给文益禅师，并由文益把玄沙与桂琛的禅法旨要发扬光大，并成立了禅宗的最后一个宗派法眼宗。实际上，从"略表"中的传承关系看，桂琛在师备和文益之间是扮演了一个承上启下的角色。从客观上考察，桂琛对玄沙禅学思想的继承并非简单的传承，也有他自己的心得体会，这在后面的行文中我们将重点论述。

（二）法眼宗对桂琛禅学思想的继承

在法眼宗（文益）的核心思想中，"三界唯心"、"一切现（见）成"①的禅学思想主要是来自对桂琛禅师的继承。同时，"三界唯心"、"一切现成"思想又是桂琛对玄沙的继承，并有所发展。另外，文益本身在桂琛处开悟的禅学思想也是"若论佛法，一切现成"的语句。因此从这个角度看，我们很容易发现法眼宗思想可以上溯玄沙；直接应承于桂琛，并以文益为首的及其法眼门徒对"三界唯心"、"一切现成"思想的演化与发展，形成了清晰的玄沙、桂琛禅法禅脉。在下面的论述中，我们将按照这样的脉络来直观了解以文益禅师为首的法眼宗是如何继承玄沙、桂琛禅学思想的。

1. 法眼宗对桂琛"三界唯心"禅学思想的传承

关于"三界唯心"的思想，玄沙曾向桂琛讨论过这个问题，在《景德传灯录》卷二十一中载：

> 玄沙尝问曰："三界唯心，汝作么生会？"师指椅子曰："和尚唤遮个作什么？"玄沙曰："椅子。"（琛）曰："和尚不会三界唯心。"②

在前面的行文中，我们已经讨论过这个问题。通过前面的论述，我们知道玄沙自己是"因阅《楞严》，发明心地。由是应机敏捷，与修多罗冥契"③，而《楞严经》本身又具有唯识、如来藏的思想。因此，玄沙和桂琛师徒二人各自基于对"唯识"知识的修养而展开机锋应对。

---

① 关于"一切见成"与"一切现成"的细微区别参见杜继文、魏道儒：《中国禅宗通史》，南京：江苏人民出版社，2008年，第378页。
② ［北宋］道原撰：《景德传灯录》卷二十一，《大正藏》第51册，第371页上。
③ ［明］钱谦益钞：《楞严经疏解蒙钞》卷十，《万字续藏》第13册，第859页下。

在后来的桂琛对法眼文益禅师的接引中，就直接以"三界唯心"进行扣问。《禅林僧宝传》卷四记载：

  业已成行，琛送之，问曰："上座寻常说，三界唯心。"乃指庭下石曰："此石在心内，在心外？"益曰："在心内。"琛笑曰："行脚人着甚来由，安块石在心头耶！"益无以对之。①

很明显，在后来的法眼宗"三界唯心"的思想来源中，有很大的可能是文益禅师来自对桂琛禅学思想的继承。在后来的《文益颂十四首》中，专门拈了一首《三界唯心颂》："三界唯心万法唯识，唯识唯心眼声耳色。色不到耳声何触眼，眼色耳声万法成办。万法匪缘岂观如幻，大地山河谁坚谁变。"②在这首颂诗中，文益实际上是对桂琛禅师"三界唯心"思想又进行了新的阐释与理解。因此可以确认，法眼宗的"三界唯识"思想是来自桂琛无疑。

在晚近的清代僧学性统所编撰的《五家宗旨纂要》卷三中，对法眼宗的禅法要旨这样说道："法眼家风则闻声悟道，见色明心，句里藏锋，言中有响，三界惟心为宗，拂（佛）子明之。"③《纂要》中，"三界惟（唯）心"已经成为法眼宗的家风。而且文益在参桂琛因"不知最亲切"悟道后，作偈曰：

  三界唯心，万法唯识。唯识唯心，眼声耳色。不到耳声，眼触何色。耳声难成，眼色何立。色心不二，彼此无差。有人会得，腾焕吾家。④

---

① ［北宋］惠洪撰：《禅林僧宝传》卷四，《万字续藏》第79册，第500页下。
② ［北宋］惠洪撰：《禅林僧宝传》卷四，《万字续藏》第79册，第500页下。
③ ［清］性统编：《五家宗旨纂要》卷三，《万字续藏》第65册，第281页下。
④ ［清］性统编：《五家宗旨纂要》卷三，《万字续藏》第65册，第281页下。

上面这首文益拈的诗偈与《文益颂十四首》中的《三界唯心颂》很相似,前面两句完全相同,只有后面的字句差异很大。从文字的内容可以看出他对"三界唯心"的禅法思想有深切领悟,并成为后来法眼宗的主要思想,且成为宗门的悟道家风。

综上所述,我们可以了解到法眼宗的"三界唯心"的核心思想是如何从玄沙、桂琛的禅学思想中继承下来并成为该宗的宗门特色和家风,也让我们看到了法眼宗思想传承的清晰禅脉。

2. 法眼宗对桂琛"一切现成"禅学思想的传承

法眼宗对桂琛禅师"一切现成"禅学思想的传承,来源于文益禅师在桂琛处的开悟语。《金陵清凉院文益禅师语录》卷一中载:"地藏云:'若论佛法,一切见成。'师于言下大悟。"①作为文益禅师的开悟语言,"一切现成"思想对于法眼宗自然非常重要。我们在下面来看看古代海外一些学者对法眼宗风的描述是如何传承桂琛"一切现成"思想的。《禅家龟鉴》卷一云:

> 言中有响,句里藏锋。髑髅常干世界,鼻孔磨触家风。风柯月渚,显露真心。翠竹黄花,宣明妙法。要识法眼宗么?风送断云归岭去,月和流水过桥来。②

在上面关于"法眼家风"的引文中,我们虽然没有直接看到有关"一切现成"的宗风思想,但是"风柯月渚显露真心,翠竹黄花宣明妙法"的描述是对"一切现成"思想的直接诠释。所谓"风柯月渚"能呈

---

① [明]语风圆信、郭凝之编:《金陵清凉院文益禅师语录》卷一,《大正藏》第47册,第588页中。另外,在《指月录》《五宗原》等文献中作"一切现成"。
② [朝鲜]退隐述:《禅家龟鉴》卷一,《万字续藏》第63册,第744页下。

现"真心"（法身），翠竹黄花能宣示"妙法"（真如），这样的表述与"一切现成"其实是一个意思。

同样，在前文述及的《人天眼目》卷四《要诀》中，认为这是法眼家风，文中云：

> 重重华藏交参，一一网珠圆莹。以至风柯月渚，显露真心，烟霭云林，宣明妙法。对扬有准，惟证乃知。亘古今而现成，即圣凡而一致。①

作为法眼宗的家风，与上面《禅家龟鉴》卷一中"风柯月渚，显露真心；翠竹黄花，宣明妙法"说法意思是一致的。而且明确指出这是"亘古今而现成"，与桂琛启发文益的"若论佛法，一切现成"的禅法思想同于一脉。

一切现成的思想，实际上仍是桂琛禅师从玄沙师备处继承而来，并加以演化。最直接的证据来自《禅林僧宝传》卷四《福州玄沙师备师》载："（玄沙）乃示纲宗三句曰：'第一句，且自承当，现成具足。'"②在这里引用的玄沙"纲宗三句"中，第一句的"现成具足"就是桂琛接引文益禅师的开悟语"一切现成"。同时，在《玄沙师备禅师广录》卷二有云："我今为你说破，法身、报身、化身，如今现成。"③这里《广录》中引用所说的"现成"，也是"一切现成"的意思，而且明确地说"法身、报身、化身"在诸法中现，无须外求。

我们再从桂琛方面来考察，禅师对玄沙师备"现成具足"思想的演

---

① ［南宋］智昭集：《人天眼目》卷四，《大正藏》第48册，第325页上。
② ［北宋］惠洪撰：《禅林僧宝传》卷四，《万字续藏》第79册，第499页下。
③ ［北宋］智严集：《玄沙师备禅师广录》卷二，《万字续藏》第73册，第14页上。

化，除了"一切现成"外。还发展出了"触处皆渠"的禅法思想，我们认为实际上是"一切现成"的另一种表达。如前文提到的桂琛禅师《明道颂》（《景德传灯录》卷二十九）中云："触处皆渠，岂喻真虚，真虚设辨，如镜中现。"颂诗中的"触处皆渠"也是玄沙师备三句中的"且自承当，现成具足"的意思吧。

通过以上论述，我们发现法眼家风中的"一切现成"思想，主要是以桂琛继承玄沙的"现成具足"为旨要，与"三界唯心"等禅学思想一并成为法眼宗的接引家风，从中不难看出桂琛对法眼宗思想的重要影响。同时，桂琛禅师对法眼宗的影响，可以说也是对中国禅宗发展史的重要影响，这样的评价可以说是很中肯的。

附　录

一、传

《宋高僧传》卷十三《后唐漳州罗汉院桂琛传》

释桂琛，俗姓李氏，常山人也。甫作童儿，笃求远俗，斋茹一餐，调息终日。秉心唯确，乡党所钦。二亲爱缚而莫辞，群从情缠而难脱。既冠，继逾城之武，求师得解虎之俦，乃事本府万岁寺无相大师矣。初登戒地，例学毗尼。为众升台，宣戒本毕，将知志大，安拘之于小道乎？乃自诲曰："持犯束身，非解脱也。依文作解，岂发圣乎？"于是誓访南宗，程仅万里。

初谒云居，后诣雪峰、玄沙两会，参讯勤恪。良以嗣缘有在，得旨于宗一大师。明暗色空，廓然无惑。密行累载，处众韬藏，虽夜光所潜而宝器终异。遂为故漳牧太原王公诚请，于闽城西石山建莲宫而止。驻锡一纪有半，来往二百众。琛以秘重妙法，罔轻示徒，有密学

恳求者,时为开演。后龙溪为军倅勤州太保琅琊公志请,于罗汉院为众宣法,讳让不获,遂开方便。不数载,南北参徒丧疑而往者不可殚数。有角立者抚州曹山文益、江州东禅休复,咸传琛旨,各为一方法眼,视其子则知其父矣。

以天成三年戊子秋,复届闽城旧止,遍玩近城梵宇。已俄示疾数日,安坐告终。春秋六十有二,僧腊四十。遗戒勿遵俗礼而棺而墓,于是荼毗于城西院之东岗。收其舍利,建塔于院之西,禀遗教也,则清泰二年十二月望日也。琛得法密付授耳,时神晏大师王氏所重,以言事胁令舍玄沙嗣雪峰。确乎不拔,终为晏谗而凌轥,惜哉!

《景德传灯录》卷二十一《前福州玄沙师备禅师法嗣·桂琛传》

漳州罗汉院桂琛禅师,常山人也,姓李氏。为童儿时,日一素食,出言有异。既冠,辞亲,事本府万岁寺无相大师,披削登戒学毗尼。一日,为众升台,宣戒本布萨,已乃曰:"持犯但律身而已,非真解脱也。依文作解,岂发圣乎?"于是访南宗。

初谒云居、雪峰,参讯勤恪,然犹未有所见。后造玄沙宗一大师,一言启发,廓尔无惑。玄沙尝问曰:"三界唯心,汝作么生会?"师指倚(椅)子曰:"和尚唤遮个作什么?"玄沙曰:"倚(椅)子。"曰:"和尚不会三界唯心。"玄沙曰:"我唤遮个作竹木,汝唤作什么?"曰:"桂琛亦唤作竹木。"玄沙曰:"尽大地觅一个会佛法底人不可得。"师自尔愈加激励。玄沙每因诱迪学者流,出诸三昧,皆命师为助发。师虽处众韬晦,然声誉甚远。

时漳牧王公请于闽城西之石山建精舍,曰地藏,请师驻锡焉。仅逾一纪，后迁止漳州罗汉院，大阐玄要，学徒臻凑。

师上堂曰："宗门玄妙为当只恁么也，更别有奇特。若别有奇特，汝且举个什么。若无去，不可将三个字便当却宗乘也。何者三个字？谓宗乘、教乘也。汝才道着宗乘，便是宗乘；道着教乘，便是教乘。禅德、佛法、宗乘，元来由汝口瑞安立名字，作取说取便是也。斯须向遮里说平说实，说圆说常。禅德，汝唤什么作平实？把什么作圆常？傍家行脚，理须甄别，莫相埋没。得些声色名字，贮在心头。道我会解，善能拣辨。汝且会个什么，拣个什么。记持得底是名字，拣辨得底是声色。若不是声色名字，汝又作么生记持拣辨。风吹松树也是声，虾蟆老鸦也是声，何不那里听取拣择去。若那里有个意度模样，只如老师口里，又有多少意度与上座？莫错，即今声色搅搅地，为当相及不相及。若相及即汝灵性金刚秘密，应有坏灭去也。何以如此，为声贯破汝耳。色穿破汝眼，缘即塞却汝幻妄，走杀汝声色体，尔不容也。若不相及，又什么处得声色来，会么？相及不相及，试裁辨看。"

少间又道："是圆常平实，什么人恁道？未是黄夷村里汉解恁么说，是他古圣垂些子相助显发。今时不识好恶，便安圆实，道我别有宗风玄妙。释迦佛无舌头，不如汝些子，便恁么点胸。若论杀盗淫罪，虽重犹轻，尚有歇时。此个谤般若，若瞎却众生眼，入阿鼻地狱吞铁丸，莫将为等闲。所以古人道，过在化主，不干汝事。珍重！"

僧问："如何是罗汉一句？"师曰："我若向尔道，成两句也。"问："不会底人来，师还接否？"师曰："谁是不会者？"曰："适来道了也。"师曰："莫自屈。"问："八字不成，以字不是时如何？"师曰："汝实不

会。"曰："学人实不会。"师曰："看取下头注脚。"问："如何是沙门正命食？"师曰："吃得么？"曰："欲吃此食，作何方便？"师曰："塞却尔口。"问："如何是罗汉家风？"师曰："不向尔道。"曰："为什么不道？"师曰："是我家风。"问："如何是法王身？"师曰："汝今是什么身？"曰："恁么即无身也。"师曰："苦痛深。"

师上堂才坐，有二僧一时礼拜。师曰："俱错。"问："如何是扑不破底句？"师曰："扑。"问："一佛出世，普为群生，和尚今日为个什么？"师曰："什么处遇一佛？"曰："恁么即学人罪过。"师曰："谨退。"问："如何是罗汉家风？"师曰："表里看取。"问："如何是诸圣玄旨？"师曰："四楞塌地。"问："大事未肯时如何？"师曰："由汝。"问："如何是十方眼？"师曰："眨上眉毛着。"

因请保福斋，令人去传语曰："请和尚慈悲降重。"保福曰："慈悲为阿谁？"师曰："和尚恁么道，浑是不慈悲。"

师玩月乃曰："云动有雨去。"有僧曰："不是云动是风动。"师曰："我道云亦不动，风亦不动。"僧曰："和尚适来又道云动。"师曰："阿谁罪过？"

师见僧来，举拂子曰："还会么？"僧曰："谢和尚慈悲示学人。"师曰："见我竖拂子，便道示学人，汝每日见山见水，可不示汝？"师又见僧来，举拂子，其僧赞叹礼拜。师曰："见我竖拂子便礼拜赞叹，那里扫地竖起扫帚，为什么不赞叹？"（玄觉云："一般竖起拂子，拈一种物，有肯底有不肯底道理，且道利害在什么处？"）

僧问："承教有言'若见诸相非相则见如来'，如何是非相？"师曰："灯笼子。"问："如何是出家？"师曰："唤什么作家？"师问僧：

"什么处来？"曰："秦州来。"师曰："将得什么物来？"曰："不将得物来。"师曰："汝为什么对众谩语？"其僧无语，师却问："秦州岂不是出鹦鹉。"僧曰："鹦鹉出在陇州。"师曰："也不较多。"师问僧："什么处来？"曰："报恩来。"师曰："何不且在彼中。"僧曰："僧家不定。"师曰："既是僧家，为什么不定？"僧无对。（玄觉代云："谢和尚顾问。"）。

师住地藏时，僧报云："保福和尚已迁化也。"师曰："保福迁化，地藏入塔。"（僧问法眼："古人意旨如何？"法眼云："苍天苍天。"）

后王公上雪峰施众僧衣时，有从拏上座者不在。有师弟代上名受衣，拏归，师弟曰："某甲为师兄上名了。"拏曰："汝道我名什么？"师弟无对。师代云："师兄得恁么贪。"又云："什么处是贪处？"师又代云："两度上名。"（云居锡云："什么处是拏上座两度上名处？"）

师与长庆保福入州见牡丹障子，保福云："好一朵牡丹花。"长庆云："莫眼花。"师曰："可惜许一朵花。"（玄觉云："三尊宿语，还有亲疏也无，只如罗汉恁么道，落在什么处？"）

师问僧："汝在招庆有什么异闻底事，试举看？"僧曰："不敢错举。"师曰："真实底事作么生举？"僧曰："和尚因什么如此？"师曰："汝话堕也。"

众僧晚参闻角声，师曰："罗汉三日一度上堂，王太傅二时相助。"僧问："如何是学人本来师？"曰："是心汝本来心。"僧问："师居宝座说法度人，未审度什么人？"师曰："汝也居宝座，度什么人？"

僧问："镜里看形，见不难，如何是镜？"师曰："还见么么？"僧问："但得本莫愁末，如何是末？"师曰："总有也。"

师因疾，僧问："和尚尊候较否？"师以杖拄地曰："汝道遮个还痛否？"僧曰："和尚问阿谁？"师曰："问汝。"僧曰："还痛否？"师曰："元来共我作道理。"

师后唐天成三年戊子秋，复届闽城旧止，遍游近城梵宇。已俄示疾数日，安坐告终。寿六十有二，腊四十。茶毗收舍利，建塔于院之西隅，禀遗教也。清泰二年乙未十二月望日入塔，谥曰真应禅师。

《指月录》卷二十一《漳州罗汉桂琛禅师》

常山李氏子，为儿童时，日一素食。既冠，事本府万岁寺无相大师披削，登戒学毗尼。一日为众升台，宣戒本布萨，已乃曰："持戒但律身而已，依文作解，岂发圣智乎？"于是访南宗。

初谒云居、雪峰，犹未有所见。后造玄沙，一言启发，廓尔无惑。沙问："三界惟心，汝作么生会？"师指椅子曰："和尚唤这个作甚么？"曰："椅子。"师曰："和尚不会三界惟心。"曰："我唤这个作竹木，汝唤作甚么？"师曰："桂琛亦唤作竹木。"曰："尽大地觅一个会佛法底人不可得。"师自尔愈加激励。

师侍沙在方丈说话，夜深，侍者闭却门。沙曰："门总闭了，汝作么生得出去？"师曰："唤甚么作门？"（法灯别云："和尚莫欲歇去。"）

漳州牧王公请住城西石山十余年。迁止罗汉，破垣败簀，人不堪其忧，非忘身为法者不至。

因插田次，见僧问："甚处来？"曰："南州。"师曰："彼中佛法如何？"曰："商量浩浩地。"师曰："争如我这里栽田博饭吃？"曰："争奈三界何？"师曰："唤甚么作三界？"问僧："甚处来？"曰："南方来。"

师曰:"南方知识,有何言句示徒?"曰:"彼中道,金屑虽贵,眼里着不得。"师曰:"我道须弥在汝眼里。"问:"如何是罗汉一句?"师曰:"我向汝道,却成两句。"

保福僧到,师问:"彼中佛法如何?"曰:"有时示众曰:'塞却你眼,教你觑不见;塞却你耳,教你听不闻;坐却你意,教你分别不得。'"师曰:"吾问你,不塞你眼,见个甚么? 不塞你耳,闻个甚么?不坐你意,作么生分别?"

东禅齐云:"那僧闻了,忽然省去,更不他游,上座如今还会么?若不会,每日见个甚么?"妙喜曰:"富嫌千口少,贫恨一身多。"

僧报曰:"保福迁化也。"师曰:"保福迁化,地藏入塔。"

师见僧,举拂子曰:"还会么?"曰:"谢和尚慈悲示学人。"师曰:"见我竖拂子,便云示学人,汝每日见山见水,可不示汝?"又见僧来,举拂子,其僧赞叹礼拜。 师曰:"见我竖拂子,便礼拜赞叹,那里扫地竖起扫帚,为甚么不赞叹?"

问:"一佛出世,普为群生,和尚今日为个甚么?"师曰:"甚么处遇一佛?"曰:"恁么即学人罪过。"师曰:"谨退。"

玩月次,乃曰:"云动有雨去。"有僧曰:"不是云动是风动。"师曰:"我道云亦不动,风亦不动。"曰:"和尚适来又道云动。"师曰:"阿谁罪过?"

问僧:"甚处来?"曰:"秦州。"师曰:"将得甚么物来?"曰:"不将得物来。"师曰:"汝为甚么对众谩语?"其僧无对,师却问:"秦州岂不是出鹦鹉?"曰:"鹦鹉出在陇西。"师曰:"也不较多。"

王太傅上雪峰施众僧衣,时从弇上座不在,师弟代上名受衣。 弇

归,弟曰:"某甲为师兄上名了。"拿曰:"汝道我名甚么?"弟无对。师代云:"师兄得恁么贪。"又曰:"甚么处是贪处?"又代云:"两度上名。"(云居锡云:"甚么处是拿上座两度上名处?")

师与长庆保福入州,见牡丹障子,保福曰:"好一朵牡丹花。"长庆曰:"莫眼花。"师曰:"可惜许一朵花。"(玄觉云:"三尊宿语,还有亲疏也无,只如罗汉恁么道,落在甚么处。")

上堂:"诸上座,不用低头思量,思量不及,便道不用拣择,委得下口处么? 汝向什么处下口? 试道看,还有一法近得汝? 还有一法远得汝么? 同得汝,异得汝么? 既然如是,为甚么却特地艰难去?"

上堂:"宗门玄妙,为当只恁么? 也更别有奇特。 若别有奇特,汝且举将来看。 若无,去不可将两个字,便当却宗乘也。 何者两个字? 谓宗乘、教乘也。 汝才道着宗乘,便是宗乘;道着教乘,便是教乘。禅德、佛法、宗乘,原来由汝口瑞安立名字,作取说取便是也。 斯须向这里,说平说实,说圆说常。 禅德,汝唤甚么作平实,把甚么作圆常? 傍家行脚,理须甄别,莫相埋没。 得些子声色名字,贮在心头。道我会解,善能拣辨。 汝且会个甚么,拣个甚么;记持得底是名字,拣辨得底是声色。 若不是声色名字,汝又作么生记持拣辨。 风吹松树也是声,虾蟆老鸦叫也是声,何不那里听取拣辨去。 若那里有个意度模样,只如老师口里,又有多少意度。 与上座莫错,即今声色搅搅地。 为当相及不相及。 若相及,即汝灵性金刚秘密应有坏灭去也。何以如此? 为声贯破汝耳,色穿破汝眼,因缘即塞却汝,幻妄走杀汝,声色体尔,不可容也。 若不相及,又甚么处得声色来,会么? 相及不相及,试裁辨看。"

少间又道:"是圆常平实,甚么人恁么道。未是黄夷村里汉,解恁么说,是他古圣垂些子相助显发。今时不识好恶,便安圆实,道我别有宗风玄妙。释迦佛无舌头,不如汝些子,便恁么点胸。若论杀盗淫罪,虽重犹轻,尚有歇时。此个谤般若,瞎却众生眼,入阿鼻地狱吞铁丸,莫将为等闲。所以古人道:'过在化主,不干汝事。'珍重!"

师作明道偈曰:

> 至道渊旷,勿以言宣。言宣非指,孰云有是。
>
> 触处皆渠,岂喻真虚。真虚设辨,如镜中现。
>
> 有无虽彰,在处无伤。无伤无在,何拘何碍。
>
> 不假功成,将何法尔。法尔不尔,俱为唇齿。
>
> 若以斯陈,埋没宗旨。宗非意陈,无以见闻。
>
> 见闻不脱,如水中月。于此不明,翻成剩法。
>
> 一法有形,翳汝眼睛。眼睛不明,世界峥嵘。
>
> 我宗奇特,当阳显赫。佛及众生,皆承恩力。
>
> 不在低头,思量难得。捞破面门,盖覆乾坤。
>
> 决须荐取,脱却根尘。其如不晓,谩说而今。

师因疾,僧问:"和尚尊候较否?"师以杖拄地曰:"汝道这个还痛否?"曰"和尚问阿谁?"师曰:"问汝。"曰:"还痛否?"师曰:"元来共我作道理。"

后唐天成三年戊子秋,师复至闽城旧止,遍游近城诸刹,乃还示微疾,沐浴安坐而化, 维收舍利建塔。

洪觉范曰:"地藏琛禅师,能大振雪峰玄沙之道者。其秘重大法,恬退自处之欬也欤。予尝想见其为人,城隈古寺,门如死灰,道容清深。戏禅客曰：'诸方说禅浩浩地，争如我此间栽田博饭吃？'有旨哉！"

二、语录

《景德传灯录》卷二十八《漳州罗汉桂琛和尚语（录）》

漳州罗汉桂琛和尚上堂，大众立久。师曰："诸上座，不用低头思量。思量不及，便道不用拣择，委得下口处么？汝向什么处下口？试道看，还有一法近得汝，还有一法远得汝么？同得汝异得汝么？既然如是，为什么却特地艰难去。盖为不丈夫男子，偢偢无些子威光，戚戚地遮护个意根，恐怕人问着。我常道，汝若有达悟处，但去却人我，披露将来，与汝验过，直下作么不肯。莫把牛迹里水以为大海，佛法遍周沙界；莫错向肉团心上妄立知见，以为疆界。此见闻觉知识想情缘。然非不是，若向遮里点头道我真实，即不得，只如古人道此事唯我能知，是何境界？还识得么？莫是汝见我，我见汝便是么？莫错会。若是遮个我，我随生灭，身有即有，身无即无。所以古佛为汝今日人说，异法有故异法出生，异法无故异法灭尽，莫将为等闲。生死事大，此一团子消杀不到，在处乖张不少声色。若不破受想行识，亦然役得汝骨出在，莫道五阴本来空也，不由汝口便解空去。所以道须得亲彻，须真实也，不是今日老师始解恁么道。他古圣告报，汝唤作金刚秘密不思议光明藏，覆荫乾坤，生凡育圣，亘古亘今，谁人无分？既若如此，更藉何人？所以诸佛慈悲，见汝不奈何，开方便门，示真实相。我今方便也，汝还会么？若不会，莫向意根下捏怪。"

僧问:"从上宗门乞师方便。"

师曰:"方便即不无,汝唤什么作宗门?"

曰:"恁么即学人虚施此问:"

师曰:"汝有什么罪过?"

问:"佛法还受雕琢也无?"

师曰:"作么不受。"

曰:"如何雕琢?"

师曰:"佛法。"

问:"诸行无常是生灭法,如何是不生不灭法?"

师曰:"用不生不灭作么?"

问:"才拟是过,不拟时如何?"

师曰:"拟有什么过?"

曰:"恁么即便自无疮也。"

师曰:"合取口。"

问:"诸境中以何为主?"

师曰:"那个是诸境?"

曰:"莫是疑处是么?"

师曰:"把将疑处来。"

问:"正恁么时是什么?"

师曰:"不恁么时是什么?"

曰:"学人道不得。"

师曰:"口里是什么塞却?"

师又曰："诸人朝晡恁么上来下去，也只是被些子声色惑乱，身心不安。若是声色名字不是佛法，又疑伊什么？若是佛法不是声色名字，汝又作么生，拟把身心凑泊伊。若是声色名字；总是声色名字，若是佛法，总是佛法。会么？异声无声，异色无色，离字无名，离名无字。试把舌头点看，有多少声色名字。自何而色以何为名，三界如是峥嵘，尚觅出头不得。因什么却特地难为去，只为诸人自生颠倒，以常为断悟，假迷真，妄外驰求，强捏异见。终日与人商量便有佛法，不与人商量便是世间闲人。话到遮里才举着佛法，便道拟心即差，动念即乖。寻常诸处元无，口似纺车，总便不差去。佛法事不是隔日疟，皆由汝狂识凡情作差与不差解。忽然见我拈个槌子槌背，便作意度顾览。不然见我把个帚子扫东扫西，便各照管。是汝寻常打柴，何不顾览招呼便悟去。上座佛法莫向意根下皮袋里作则度，汝成自赚，我不敢网绊初心，笼罩后学，各自究去无事。珍重。"

三、著述

《景德传灯录》卷二十九桂琛禅师《明道颂》

至道渊旷，勿以言宣。言宣非指，孰云有是。
触处皆渠，岂喻真虚。真虚设辨，如镜中现。
有无虽彰，在处无伤。无伤无在，何拘何阂。
不假功成，将何法尔。法尔不尔，俱为唇齿。
若以斯陈，埋没宗旨。宗非意陈，无以见闻。
见闻不脱，如水中月。于此不明，翻为剩法。

一法有形,翳汝眼睛。眼睛不明,世界峥嵘。

我宗奇特,当阳显赫。佛及众生,皆承恩力。

不在低头,思量难得。拶破面门,覆盖乾坤。

快须荐取,脱却根尘。其如不晓,谩说而今。

参考文献

[南梁]僧祐撰：《弘明集》，《大正藏》第 52 册。

[唐]般剌蜜帝译：《大佛顶如来密因修证了义诸菩萨万行首楞严经》，《大正藏》第 19 册。

[唐]从谂：《赵州和尚语录》，《嘉兴藏》第 24 册。

《历代法宝记》卷一，《大正藏》第 51 册。

[唐]道世撰：《法苑珠林》，《大正藏》第 53 册。

[唐]黄滔撰：《黄御史集》，《影印文渊阁四库全书》第 1084 册，台北：台湾商务印书馆，1983 年。

[唐]柳宗元著：《柳宗元集》，北京：中华书局，2001 年。

[唐]罗隐著：《罗隐集》，雍文华校辑，北京：中华书局，1983 年。

[唐]徐寅著：《徐正子诗赋》，《影印文渊阁四库全书》第 1084 册，台北：台湾商务印书馆，1983 年。

[唐]智严撰：《玄沙师备禅师广录》，《万字续藏》第 73 册。

《旧唐书》卷一七七，《裴休传》。

《册府元龟》卷五十二。

《旧五代史》卷五，《王审知传》。

《新五代史》卷六十七，《吴越世家》。

《五代会要》卷十二。

《吴越备史》卷一。

［北宋］思坦集注：《楞严经集注》，《万字续藏》第11册。

［北宋］子璇集：《首楞严义疏注经》，《大正藏》第39册。

［北宋］道原撰：《景德传灯录》，《大正藏》第51册。

［北宋］陶岳撰：《五代补史》，《影印文渊阁四库全书》第1084册，台北：台湾商务印书馆，1983年。

［北宋］本觉撰：《释氏通鉴》，《万字续藏》第76册。

［北宋］志磐撰：《佛祖统纪》，《大正藏》第49册。

［北宋］释赞宁撰：《宋高僧传》，《大正藏》第50册。

［北宋］王象之撰：《舆地纪胜》，泉州志编纂委员会办公室、泉州市地名学研究会合编《泉州方舆辑要》，1985年内刊本。

［北宋］惠洪撰：《禅林僧宝传》，《万字续藏》第79册。

［北宋］遵式述：《天竺别集》，《万字续藏》第57册。

［北宋］陈善卿编：《祖庭事苑》，《万字续藏》第64册。

［北宋］法云编：《翻译名义集》，《大正藏》第54册。

［北宋］杨亿等编：《大中祥符法宝录》，《赵城金藏》第111册。

［南宋］普济集：《五灯会元》，《万字续藏》第80册。

［南宋］悟明集：《联灯会要》，《万字续藏》第79册。

［南宋］宗杲集：《正眼法藏》，《万字续藏》第67册。

［南宋］妙源编：《虚堂和尚语录》，《大正藏》第47册。

［南宋］梁克家撰：《三山志》，福州：海风出版社，2000年。

［南宋］祝穆：《方舆胜览》，《钦定文渊阁四库全书》。

[南宋]发应集:《禅宗颂古联珠通集》,《中华大藏经》第78册。

[宋]正觉颂古,[元]行秀评唱:《万松老人评唱天童觉和尚颂古从容庵录》,《大正藏》第48册。

[宋]绍隆等编:《圆悟佛果禅师语录》,《大正藏》第47册。

[宋]祖琇撰:《僧宝正续传》,《万字续藏》第79册。

[元]昙噩述:《新修科分六学僧传》,《万字续藏》第77册。

[元]觉岸编:《释氏稽古略》,《大正藏》第49册。

[元]贡师泰撰《玩斋集》卷七,《福州玄沙寺兴造记》,《钦定文渊阁四库全书》。

[金]志明撰:《禅苑蒙求瑶林》,《万字续藏》第87册。

[明]何乔远撰:《闽书》,厦门大学校点组校点本,福州:福建人民出版社,1994年。

[明]智旭撰:《灵峰蕅益大师宗论》,《嘉兴藏》第36册。

[明]万历《福州府志》,《日本藏罕见中国地方志丛刊》,北京:书目文献出版社,1990年。

[明]喻政主修:《福州府志》,扬州:江苏广陵古籍刻印社,1996年。

[明]朱时恩撰:《佛祖纲目》,《万字续藏》第85册。

[明]通融集:《五灯严统》,《万字续藏》第80册。

[明]法藏撰:《三峰藏和尚语录》,《嘉兴藏》第34册。

[明]何道全注:《般若心经批注》,《万字续藏》第26册。

[明]元贤集:《建州弘释录》,《万字续藏》第86册。

[明]林弘衍编:《雪峰义存禅师语录(真觉禅师语录)》,《万字续藏》第69册。

[明]黎眉等编:《教外别传》,《万字续藏》第84册。

[明]瞿汝稷撰:《指月录》,《万字续藏》第83册。

[明]通问编：《续灯存稿》，《万字续藏》第84册。

[明]明河撰：《补续高僧传》卷六，《鼓山国师传》，《万字续藏》第77册。

[清]吴任臣撰：《十国春秋》，北京：北京科学技术出版社，1983年。

[清]纪荫编纂：《宗统编年》，《万字续藏》第86册。

[清]灵操撰：《释氏蒙求》，《万字续藏》第87册。

[清]净符汇：《宗门拈古汇集》，《万字续藏》第66册。

[清]聂先编辑：《续指月录》，《万字续藏》第84册。

[清]性聪撰述：《明觉聪禅师语录》，《乾隆大藏经》第158册。

[清]徐昌治编辑：《高僧摘要》，《万字续藏》第87册。

[清]元贤：《泉州开元寺志》。

[清]徐景熹撰：《福州府志》，扬州：江苏广陵古籍刻印社，1996年。

[清]陈汝咸修，林登虎纂：《漳浦县志》，康熙四十七年（1708）刊本。

[清]李瑞钟等纂修：《常山县志》，清光绪十二年（1886）刊本。

[清]杨廷望纂修：《衢州府志》，清光绪八年（1882）重刊本。

[清]光绪《漳州府志》，《中国地方志集成》，上海：上海书店出版社，2000年。

[日]无著道忠撰：《禅林象器起笺》。

《碧岩录》。

《碧岩录种电钞》。

《北梦琐言》卷六。

常山县志编纂委员会编：《常山县志》，杭州：浙江人民出版社，1990年。

《大清一统志》，《钦定文渊阁四库全书》。

《国语》，《钦定文渊阁四库全书》。

《闽都记》。

《南部新书》。

《延寿徐氏族谱》卷二，《唐状元秘书省正字公传》。

沈瑜庆等撰：《福建通志》，《福建高僧传》卷一《玄沙师备传》。

《广东通志》卷五十七，《钦定文渊阁四库全书》。

丁福保编：《佛学大辞典》，北京：文物出版社，1984年。

段玉明：《中国宗教学应加强宗教实践技术的研究》，《云南社会科学》2007年第3期。

范文澜著：《唐代佛教》，附录《隋唐五代佛教大事年表》，北京：人民出版社，1979年。

黄绎勋：《法眼文益悟道历程及其史传文献意义考》，《台大佛学研究》第24期，2012年。

何勇强著：《钱氏吴越国史论稿》，杭州：浙江大学出版社，2002年。

侯旭东：《十六国北朝时期僧人游方及其作用述略》，《佳木斯师专学报》1997年第4期。

金建锋：《〈大宋僧史略〉与〈宋高僧传〉成书时间考》，《中国典籍与文化》2009年第3期。

陆永峰著：《禅月集校注》，成都：巴蜀书社，2006年。

李映辉著：《唐代佛教地理研究》，长沙：湖南大学出版社，2004年。

赖永海主编：《佛教十三经》，北京：中华书局，2010年。

林毓莎：《徐寅名号及生卒年考辨》，《莆田学院学报》2011年第4期。

田丰：《漳州开元寺遗珍今何在》，《闽南日报》2015年6月23日。

王筱云编：《中国古典文学名著分类集成》，《诗歌卷》第三册，天津：百花文艺出版社，1994年。

王荣国著：《福建佛教史》，厦门：厦门大学出版社，1997年。

王荣国：《福建佛教在中国佛教史上的地位与作用》，《福建宗教》2000年第2期。

王荣国:《文益禅师在闽参桂琛的年代、因由、地点与卓庵处考辨》,《世界宗教研究》2002 年第 1 期。

王荣国:《对谢重光先生〈也谈文益禅师参桂琛的地点和年代〉的回应》,《世界宗教研究》2004 年第 1 期。

王秀林:《晚唐五代诗僧群体研究》,复旦大学博士学位论文,2003 年。

王振国《略析〈宋高僧传〉、〈景德传灯录〉关于部分禅宗人物传记之误失——兼论高僧法如在禅史上的地位》,《敦煌学辑刊》2002 年第 1 期。

谢重光:《也谈文益禅师参桂琛的地点和年代——与王荣国同志商榷》,《世界宗教研究》2003 年第 1 期。

徐晓望著:《闽国史》,台北:五南图书出版社,1997 年。

许更生:《徐寅生卒考略及拂衣归隐问题》,《霞光菊影》,福州:福建教育出版社,2005 年。

赵娜:《唐末五代时期禅宗僧人行脚现象探析》,《社会科学家》2011 年第 5 期。

湛如:《汉地佛教度僧制度辨析——以唐—五代的童行为中心》,《法音》1998 年第 12 期。

张云江著:《法眼文益禅师》,厦门:厦门大学出版社,2010 年。

后　记

2016年5月，我正在美国堪萨斯州华盛本大学艺术系访学，即将结束，离我8月份回国还有近三个月时间。5月的堪萨斯州，烈日炎炎。由于学校已经放了暑假，华盛本大学校园显得异常的冷清，自己独自一人在画室进行创作。5月初，我接到了福建省开元佛教文化研究所的约稿，于是暂停创作。在接下来的选题中，我经过深思熟虑，选择了唐末五代的桂琛禅师作为写作对象。

之所以选择唐末五代时期的禅宗高僧作为写作对象，这是因为我早在博士学习期间，由于自己对禅宗的无比喜爱，驱使我阅读了大量的原始禅宗文献，诸如史传、《五灯会元》、《景德传灯录》、《祖堂集》等禅宗灯史著作，我深深地被里面的一个个智慧而生动的公案、话头所吸引。博士毕业之后的一次佛教学术会议上，我撰写了一篇有关法眼宗弟子永明道潜禅师的文章，后来刊载于"菩萨在线"。于是我选择唐末五代时期法眼宗创立人清凉文益禅师的开悟老师罗汉桂琛，这是我跟法眼宗高僧永明道潜禅师结下的"隔世"因缘有关。我们知道，法眼宗的建立及其禅风宗旨，与桂琛禅师有着直接的关系。甚至可以说，没有桂琛，就没有文益的开悟；没有文益的开悟，就没有法眼宗的建立；没有法眼宗的建立，慧能大师的"一花五叶"之说便不能成立。正是因为这一条因果链，使我深切地领悟到佛教缘起、因果存在于世间万物，既浅显明了，又深不可测，按照桂琛的话说，是"一切现成"。

接下来的问题是，我过高地估计了自己的热情，在具体搜集资料和写作过程中，显得困难重重。主要体现在以下两个方面：

其一，桂琛在禅宗史上虽然是文益禅师的开悟老师，但是他在当时的禅林中地位并不算高，更谈不上什么宗教领袖，甚至在当时的佛教界受到排挤。因此，研究这样一位名气不是很大的高僧，在资料方面必然受到限制。

其二，资料的极度缺乏。由于桂琛在禅宗史上的地位虽然是青原一系下第八祖，但一生过得比较黯淡，很难引起当下学者的关注。所以到目前为止，还没有一篇关于研究桂琛禅师的文章问世，更别说研究著作了。同时，历史上关于桂琛的文献资料也非常缺乏，在僧传、灯史、灯录中仅能搜到一首桂琛禅师的《明道颂》诗偈，以及个别零星的传记、语录等有限常规资料。

基于以上的客观困难，撰写桂琛禅师的传记对于自己几乎是一项开创性的挑战。由于自己一个人远在海外，没有外界的干扰，家人也尚在国内，于是我抓紧这难得的机会进行这项工作。到去年五月底，我完成收集资料、阅读资料的工作。七八月份完成大部分书稿。回国后，我在工作之余，继续完成剩余的部分，直到2016年11月完成初稿，然后交于福建省开元佛教文化研究所的那琪老师，等待两位专家的

审稿意见。2017年1月中旬,两位专家的一审修改意见汇集,于是开始在春节寒假期间抽出闲暇时间,根据两位专家的意见进行修稿工作。3月中旬,两位专家完成稿件的审稿,确认书稿的结项出版。

在写作过程中,我谨守学术规范,恪守引必出注,论从史出,力求客观、公正地还原桂琛在历史上的行状。同时也欣喜自己完成了研究生涯中第一部有关禅宗的学术著作,激动之情无以言表。

首先,我要感谢"福建历代高僧评传"丛书的主编福建省开元佛教文化研究所、福州芝山开元寺方丈释本性大和尚,正是基于他的慈悲,以著书立说来向普通大众弘法,传播这些高僧的无量智慧,真是功德无量!我也正是在此殊胜因缘下,得以成为丛书著者中的一分子,感恩大和尚。同时,我还要感谢福建省开元佛教文化研究所、福州芝山开元寺为本书的撰写提供了基金支持。另外,在学术指导上,我要感谢江西省社会科学院的欧阳镇教授、山东大学佛教研究中心的陈坚教授,他们在百忙中抽出时间阅读我的书稿,并提出了一些宝贵的、建设性的修改意见,目前呈现出来的书稿就是两位教授指正的结果。我还要感谢福建开元佛教文化研究所的徐颖、那琪两位老师,她们在我写作期间给了我很多的鼓励,并在稿件的接洽方面不厌其烦地做了很多工作。

最后,我要感谢我的妻子胡姝女士,她在我写作期间,承担起了照顾家庭的责任。同时,我还要感谢八岁的爱女蒋胡杨,在我写作期间,为了不打扰我写作,她自觉地学习、玩耍,才使我能有安静的环境与平和的心态完成书稿。

总之,我相信世间的一切美好都是一种缘起,这种缘起是基于我们自己一颗良善的心,并以此心串起生活中一颗颗闪亮的摩尼宝珠。我想，当下的这本书，如果能成为自己期望中的一滴小小雨露，在阳光下对读者的心灵哪怕有那么一刹那的闪耀，我心足矣。

由于我的学识有限，书中出现的一些错误与不足在所难免，希望各位专家、读者不吝指正，不胜感激之至。

蒋家华

2017 年 3 月 15 日于深圳桃源寓所